続 地産地消大学

オルタナティブ地域学の試み

湯崎 真梨子

Yuzaki Mariko

南方新社

真の地域力の創生への期待

特定非営利活動法人　地域再生機構副理事長　野村典博

地域力や地域自治、というキーワードを様々な機会で目にするようになってきました。明治期以降、日本が一貫して追求してきた「経済の成長」や「物質的な富の拡大」のために構築してきた高度化された現代社会のシステムの中、少子・高齢化や地方の疲弊、資源の海外依存など様々な要因により、閉塞感が現在の日本社会をあらゆる局面で覆ってきています。また、成長という目標が機能しなくなった現在、未だそれに変わる目標を見いだし得ないでいます。二〇一一年の、東北の震災や福島の原発事故以降、顕著にそれが表面化してきています。その中で、パイの拡大を前提とした成長ではなく、成熟社会のあり方としての、成長を目標としない豊かさの実現が叫ばれるようになってきました。

個人の生き方のみならず、地域社会のあり方、地方政府と中央政府の関係まで多くの課題が混在し、特に地方部における地方自治体の財政悪化や過疎化、地域住民のニーズの多様化・高度化などにより、公共サービスに求められる分野が拡大し、より地域コミュニティの力が必要とされてきています。しかし、その地域コミュニティは都市部においては、文化的な内部崩壊を来し、地方部では人口減少による物理的崩壊を兆しています。

これからの成熟した地域社会を創造していくことは、地域の課題を直視し、真の自治や自己統治能力を発揮していく地域コミュニティの活力〈地域力〉が、中央集権や中央が主導する「地域分権」からの脱却であり、真の地域自治への転換であると考えることができます。

他方で、中山間をはじめとした地方部には高度化された社会システムで分断されてしまった生産と消費や自然と人、人と人などの関係性の上に成立する「水・食」「エネルギー」「教育・福祉」などの「生きていくための資源」が残されています。これこそが真のセーフティネットだと言うことができるかもしれません。本来、地域の生きていくための資源は公共財として、地域住民自身が共同体として維持・継承してきたものです。

そこで問題となるのが、「誰が」という主体の問題です。主体者が、前述のパイの拡大を前提に地方部の資源に関われば、残された「生きていくための資源」を収奪し、さらに多くの関係性を分断することになります。地域の資源を活かし自らの暮らし方を決めていくのはその地域の皆さんです。この自らの暮らしを自らで決め、創っていくことが「地域自治」の本質であり、そのパワーが「地域力」であると言うことができます。

私自身、岐阜という地方都市で暮らし、地域の資源を活かした地域づくりを行っておられる活動や地域を応援する活動を行っています。私も関わらせていただいている「石徹白（いとしろ）」の活動に少しふれさせていただきます。

「石徹白」は岐阜市内を流れる清流長良川の上流、岐阜県郡上市白鳥町から標高九〇〇メートルの桧峠を越えた福井県との県境にある最奥の集落です。平安から鎌倉時代にかけての白山信仰が栄えた時代には修験者の出入りで栄え、近代（明治）まで神に仕える人が住む村としてどの藩にも属さず、村人は年貢免除、名字帯刀が許された集落です。元々福井県大野郡石徹白村でしたが昭和三三年に岐阜県に越県合併されています。昭和三〇年代までは二一〇戸、一二〇〇人が暮らす集落でしたが、現在は一〇〇戸二五〇人と減少し典型的な過疎集落となっています。この山間の集落に全国から視察者が訪れます。集落内を流れる農業用水に小さな水車が三基、時には三メートルを超える積雪の中、営々と回り続けています。現在、集落内の電力を自給できる規模の二基の小水力発電所の建設が行われています。全国からの視察者は、交通機関を乗り継ぎ、急勾配の峠を越え、この山間の集落に何を視察に来るのでしょうか。その答えは、本書や前著の『地産地消大学―オルタナティブ地域学の試み・序章』に記されています。

石徹白で行われている様々な取り組みからは「地域力」や「地域自治」の要素である、「地域の利害関係者（すべての住民）がプロジェクトを所有している」、「コミュニティに基礎を置く組織がプロジェクトの意志決定をする」、そして「社会的・経済的便益の大半が地域に還元される」が実現されています。

この発電所は、石徹白集落の全員が出資をし、「石徹白農業用水農業協同組合」を設立、売電収益を地域の農業振興や担い手の育成に当てる仕組みを実践しています。そうです。小水力発電という地域の資源を活用した地域づくり（地域自治）を実践しているのです。そのプロセスやそこに至る葛藤、その周辺に介在する様々な取り組みを視察に来るのです。

現在、全国の地方大学において、その存在意義として、「地域貢献」や「地域のお役に立てる大学」が叫ばれ、研究者が地域の資源や課題をテーマに調査や研究をされる機会が多くなっています。私たちのようなＮＰＯの活動としても、農や森林、エネルギー、観光など、様々なテーマで地域へ入っていく機会があります。その中で、どかどかと土足で地域に入っていく、地域全体に対する敬意を払わない、都会の理屈を押しつける、人と人との関係性や信頼を築くお作法が出来ていないことがあるのではないでしょうか。

二つの書籍の記された八〇編の調査には、お作法に則り、地域に敬意を払い、地域の声に耳を傾け丁寧に記したものだからこそ、単なる表面的な事象の紹介ではない真の地域の力の入り口が文字となって現れています。

地域と真摯に向き合っているからこその、地域力の創生への足がかりとなる手がかりが詰まっていますが、湯崎さん自身が地域の主体者ではない、主体者にはなれないジレンマも感じ取ることができます。このジレンマこそが、地域の皆さんへのエールではないでしょうか。

本書は、当事者である和歌山県の南紀の皆さん、行政関係者だけでなく、全国で地域の再生に取り組んでいる皆さんにお読みいただき、「真の地域力の創生」へ様々な立場でご尽力していただければと思います。また、都市に住む皆さんも決して、地域力の創生には無関係ではありません。生きるための資源を維持できないことは、都市住民の暮らしも維持できないことになります。地域の持続がこれからの真の豊かさ、成熟した社会への試金石になるのかもしれません。

最後に、私自身も地元岐阜大学の地域協学センターにおいて、大学と地域を繋ぐ地域コーディネーターとして活動をしています。本書を拝読し、自身を戒め、岐阜の地域のために、地域を担う人材を育てていくために努力していきたいと思います。

続・地産地消大学——もくじ

第二部　オルタナティブ地域学への道のり

第一部

(一) 熊野カフェ

アメリカ西海岸

カリフォルニア州ロングビーチは、アメリカでも有数の観光都市。交通の要所であり、経済、貿易都市でありながら、沿岸にはカフェやレストランなどが軒を並べ、ショッピングやカフェ、スポーツなど海の陽光を背景にリゾートを楽しむことができます。七〇年代の日本では、音楽、映画などの影響を受け、アメリカ、特に西海岸に対してあこがれを持つ若者が急増していました。そんな頃、一人の日本人の若者が、自分の好きな歌の舞台となっていたこの地に初めて旅行し、海という自然を目の前にさまざまに人々が楽しむ光景を見て、「我がふるさとはどうなんだろう」と考えました。この若者は、ロングビーチから遠く太平洋をはさみ向かいあうような、日本の国の和歌山県那智勝浦町からやって来ていました。やはり、アメリカの音楽にあこがれを持った世代でした。そし

熊野カフェオーナー畑中さんと筆者

て彼はこの後、数十年を町役場の役人として過ごすことになります。

彼のふるさとである那智勝浦町は、熊野三山に囲まれた豊かな温泉地であり、日本一のマグロ水揚げを誇る漁港を持つなど、観光、産業の町として栄えていました。日本の観光地に欠かせない、山、歴史、温泉、料理、海のすべての要素に恵まれた土地。海岸線には、大きな温泉旅館が並び、企業の団体客や新婚旅行のメッカとして賑わっていました。旅館やホテルは、館内で温泉、食事、買い物などを楽しむことができる、ややもすると風景が二の次になってしまうような一大観光装置でもありました。しかし、この若い役人は想いました。いつか、ふるさとの広大な海と空と空気をそのまま丸ごと楽しみ、人々がゆったりとくつろぐことができる空間をつくりたい……。

熊野カフェ

三〇年余の時を経て、二〇一三年秋、那智湾を一望することができる海沿いに、大きなテラスを持つカフェがオープンしました。カフェの名は「熊野カフェ」。目の前に那智の山々、那智の滝を眺めることができる「観る健康」と地元の野菜や卵など素材を厳選した「食べる健康」がコンセプト。オーナーは、若き日のロングビーチでの夢を実現させたあの若者。役場を定年退職し、周囲の「無謀だ」の声にもかかわらず、ふるさとの圧倒的に豊かな自然を堪能し過ごすことができる空間を自ら行動しつくったのでした。

今、和歌山大学では、「食」を中心にした研究を地域の方々と一緒に始めました。那智の海の恵み、山の恵みを活用した人々の知恵を学び、新しくアレンジし楽しむ方法を人生の先輩たちと若い人が

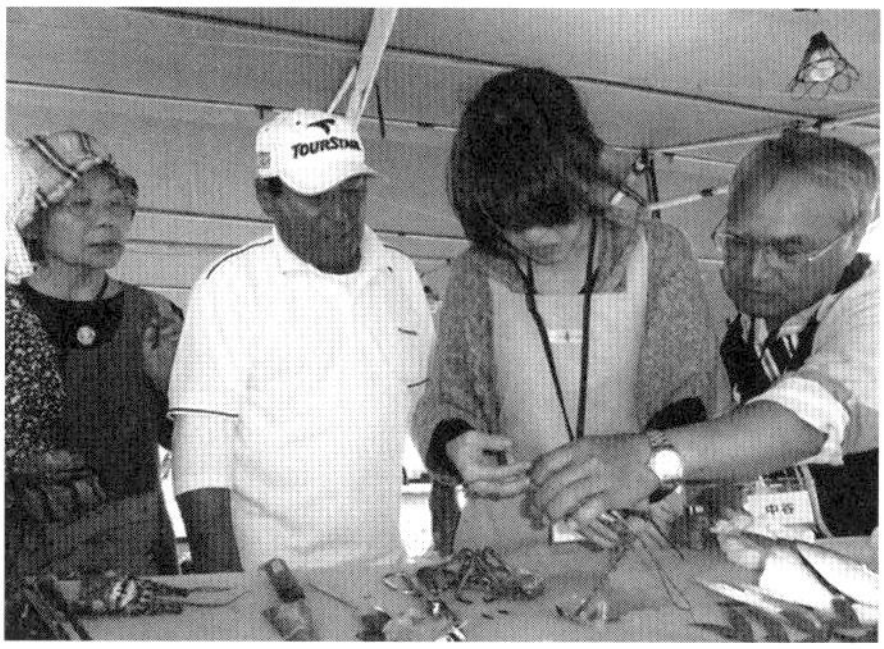
筆者が主催する食と農の学校

共に研究しようというものです。
私たちは豊かな自然を無駄遣いしていたのではないか?と最近思います。ありのままの自然を使うだけでも十分に生活、産業利用が可能です。「自然」の名のもとに細工しすぎたり加工しすぎたりし、その結果、失敗を経験すると、最後に行き着くのは、食も風景も生活も、やはり、「ありのままの自然」そのものの姿。アメリカ文化が鮮烈だった日から数十年、ずいぶん遠回りをしたけれど、ようやく私たちは素のままの自然の価値を受け入れるほどに成熟したのかもしれません。熊野カフェはその第一歩。那智勝浦に来る楽しみがまた増えました。

(二) コントロール

フクシマは

Let me assure you, the situation is under control.
これは、東京オリンピック招致における首相のプレゼンテーションの一節。世界の人々が心配するフクシマ原発事故に関して、彼は「私が保証します。状況は制御されています」。つまり、心配には及ばない、原発は完全にコントロール下にあるんだ、と全世界に向けて力強く宣言しました。その結果、二〇二〇年のオリンピック開催は東京に決定。その他の招致団のプレゼンテーションも評価委員の心をつかんだと賞賛されたようですが、この時、特に印象に残ったコントロールの言葉について考えてみました。

コントロールとは「制御」「管理」の意味ですが、たとえば完全にオートメーション化された大工場を思い浮かべてくださ い。そこでは、一分の狂いもなく、一分の異端もなく、「制御された」世界でなければ機能しません。均一品質の製品を大量に製造をすることこそが目的だからです。そう、制御とは経済性、効率性の追求のために必要な手段。また制御は、社会のあちこちに顔を出しています。信号機やダイヤグラムによる交通システムの制御、集団活動や社会安全のための法的な制御や伝統的しきたり、教育システム……。この結果、私たちは便利で安全で清潔かつ快適な生活を手に入れることができました。またさらなる快適さや利便性を求めて、人間の緻密な頭脳を駆使し、「都市」はますます人工的な美しさに満ち、科学技術は発達しました。私たちの生活は「完全なコントロール下」の中で成り立っている、と言っても

一個ずつの収穫（古座川町平井）

過言ではありません。

そして、ついに私たちの文明は、永遠にコントロールをし続けなければならない領域に手を出しました。その象徴のひとつが原発だったといえるでしょう。それは「人間が制御し続ける事を前提に」しか成立しない手段。しかし人間の創造物がモンスターとなり、逆に人間が「支配」されることになったら……。私たちは今、その解決方法を持っていません。

仕事の合間のおやつ。地元の人と学生と

ユズのとげ

先日、実習として古座川町平井にユズの収穫支援に行きました。この山村はユズが特産ですが、高齢化が進行し、秋の収穫時にはボランティアや遠く離れた家族が収穫作業に駆けつけます。しかし、このユズがなかなか手強い。ユズの枝には布団針のような鋭い棘（とげ）が沢山あります。動物に食べられないための対応ともいわれ、このとげを避けつつ枝切りバサミを操り、一個一個実を採取するのは時間もかかるし腰も腕も痛い作業です。

ユズの収穫作業は効率化が難しい、しかし、植物の生理と人間の能力が折り合いのつく範囲で、生産管理をしながら農業を営んできました。この折り合いが経済社会のスピードに追いつかなくなったため、農業の継続が難しくなったのです。ひとつひとつ丁寧に果実を摘み取ることでしか人間が制御できない世界。しかし、そこには枝や実と格闘する工夫があるし、とげに刺されれば血を出す痛みもあり、都会の孫たちもコンテナを運び、そして木陰でおやつを楽しみ、という時間があり……つまり、何者にも制御されない自由がありました。

精緻なコントロールなくしては保証されない危うい快適と、自助努力の元で苦労しながらも成立している山村の生活。このふたつを実感した秋の一日でした。

(三) オルタナティブ——食と農の学校から

地域食材活用講座

晩秋の一日、那智勝浦町の山間の里、高津気に和歌山大のプロジェクトが復元を試みている水車小屋の空き地で、賑やかに実習講座が始まりました。和歌山大学と信愛女子短期大学の研究者が共同で主催する「kumano 食と農の学校」の第二回目。土地の食材を活用する地元の知恵に学び、新しいレシピを開発しようという取り組みです。研究代表の筆者が校長先生を自称し、和大と信愛短大の教授が地域資源の利活用を現場で講義、調理実習の講師は地元の方々。この日集まったのは那智勝浦町内や串本町、太地町からの「研究生」ら総勢三〇名。

今日のテーマは、「里の食材を食べよう―地域食材活用スキル講座」です。数年前、高津気で住民調査を行った時、一軒のお宅でいただいた手づくりの高菜漬けの味に惚れ込んでしまい、この日の講師にお願いしました。めはり寿司といえば熊野の伝統料理として有名です。しかし、寿司を包む高菜の葉の扱い方、漬け方、味つけなど、今の若い人はどれ程知っているでしょうか？

それを地元の「名人」に学ぼうというのが今日の授業。また、地元の婦人数名が講師となって、大根、こんにゃく、生姜、大豆、ピーマン、シシトウ、山菜のごんぱちなど、土地で収穫した野菜料理一〇種の講義。受講生は、それぞれ地域食材を使った一品を持参し調理法を発表するなど、合計二五品の料理の数々がテーブルに並ぶとそれは壮観。前回は海の食材活用講座だったので、伊勢エビなどダイナミックで新鮮な海の食材に圧倒されました。それに比べ里の食材は地味では？と少し心配していたのですが、なんのなんの地元の婦人たちのこれでもか、という実力を見せつけられました。

「高津気の方々の心からの授業、感激して帰ってきました。このような機会に出会えました事を一同感謝しております」。これは、講座の翌日に参加者のひとりからいただいた手紙。参加者が皆、幸福そうに料理の数々を囲み熱心に素材について学

食農学校（那智勝浦町高津気）

地域食材による当日の料理

び、そして笑顔で「よい会だった」と言い合いました。そんなにも幸福な時を共有できた、それはなぜだったのでしょうか？

地元の力

私たちプロジェクトメンバーは、那智勝浦町に醤油や酢の醸造元がしっかりとのれんを守っていることに注目していましたが、この地元産の醤油や酢を活かし、日頃見慣れた野菜がその潜在的な素材の力を発揮し、バリエーション豊かな総菜になっていたからです。たとえばピーマンとシシトウの葉の佃煮という当日のメニューは衝撃料理のひとつでした。どうしてこんなに美味しいものに出会わなかったの？　ピーマンの葉っぱって食べられたの？

地域の宝探しがよく行われますが、その「宝」のほとんどは生活に根付きません。スーパーで売っていることが情報のすべてになった現代生活では、宝（有用資源）にもはや実態としてのリアリティがないからです。私たちは単一の価値観、物の見方の中で多くの有用資源を捨て去ってきました。

このプロジェクトでは食を通じ、地域に住む人と共に「次の選択」を探しています。決してモノカルチャーな目では発見できない、地域の次の選択＝オルタナティブな道、を探すため、地域の多様な資源の価値とその利用実態、利活用技術を紐解いているのです。

明けて一月一一日、食と農の学校の研究テーマは「サンマ寿司」と「クジラと高菜のすき焼き」。研究生が開発した新レシピの発表会も行います。地域が持つ底力を視察にいらっしゃいませんか?

(四) 山の電気

森とエネルギー

地球温暖化の原因については、二酸化炭素が原因ではなく、太陽との関連性で不可抗力なんだ、という学者の説もあります。しかし、イギリスのエジンバラ大学が、過去一〇〇〇年の地球上の自然現象について調査整理したところ、地球温暖化は二酸化炭素が原因であることが確定した、とつい先日発表しました。

二酸化炭素の吸収源として最もわかりやすい森ですが、これについては二酸化炭素を元気にいっぱい吸収する健やかな森が少なくなっています。近代生活における人間活動は、この健やかな森の減少を招き、同時に過剰な二酸化炭素排出社会を作りました。こうした社会では絶え間のない効率的な電気エネルギーを必要とし、技術開発の成果として原発が生み出されました。東日本大震災後に日本のすべての原発が停止していたのですが、二〇一三年末、政府はその再稼働の可能性を発表しました。その一方で、安心できる自然エネルギーへの期待はますます大きくなっています。

自前でつくろう

筆者がマネジメント、研究参加している大きなプロジェクト「和歌山大学型グリーンイノベーション創造プログラム」では、二酸化炭素の排出をできるだけ抑えた低炭素型社会を地域からどう作るかについての種々のアプローチに挑戦しています。古座川町平井の北海道大学和歌山研究林内では和大と北大が共同で二つの実証実験プロジェクトを進めています。そのひとつが、森林における自前の電気獲得と林業との両立実験です。

写真は林地におけるソーラー発電実験現場です。五ヘクタールの伐採地の一角に五八枚の太陽光パネルをそれぞれ独立して並べ、パネル間にはヒノキの苗木を植林し、林業とエネルギー

林地のソーラーパネル（北海道大学和歌山研究林）

生産が両立する方法を探ろうという実験です。ヒノキの苗木はどんどん成長しますが、樹木もパネルも同様に光を必要としますから、その相互影響を調べるのが今後の実験になっていきます。研究林内に自前の発電システムを確保したことで、林内のさまざまな観測機器への給電が可能になり森林科学の研究も急速に進むことでしょう。

もうひとつは、森林内において自前で通信網を確保する実験です。同研究林内の尾根と展望台の二カ所に太陽光発電設備と無線インターネット送受信機の両方を備えた自立型通信システムの構築

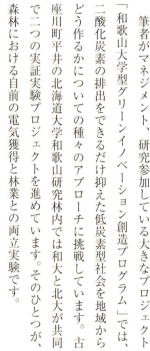

尾根から集落を見下ろす

研究です。山村では災害時に通信インフラが途絶した場合、救助や復旧に時間がかかり孤立する場合がありました。自前の通信網を持っていれば、災害だけでなく、深い山の中や危険地、山上の星空だって遠隔観測することができます。この研究の代表者は二年間現場に通い、ようやくシステムの構築に成功、運用のめどが立ってきました。

さて、先の林地での太陽光パネル設置には、和大、北大の研究者、職員、地元の電気工事業者など十数名も集まり、効率的な運用についてあーだこーだと言いながら設置が進みました。皆楽しそう……。既成概念を覆し新しいことにチャレンジする、ものづくりの素直な楽しみが伝わってきました。これを希望というのかもしれません。新年の和大の研究にもご期待ください。

（五） 食の空白を埋める――サンマ寿司から学ぶ

太地和田本家

地域食材活用スキル講座「kumano 食と農の学校」の第三回目を那智勝浦町高津気で開催しました。今回は「サンマ寿司」「クジラと高菜のすき焼き」の調理実習と受講生が考案した新料理の発表会。和歌山大と信愛女子短大から学生や教員の参加もあり、総勢四〇名の賑やかで、活発な実習風景が繰り広げられ、里、海料理の数々に皆、心も体も満足、満腹になった実習でした。

今回の講師は太地町から参加のご近所チームの三人。その中の和田さんはクジラやサンマについての知識が深く「ただ者ではない」雰囲気でしたが、後に聞いたところでは、太地鯨方宗家、和田本家の方とのこと。太地町は日本の古式捕鯨の発祥地として有名ですが、一六〇六年、和田家の先祖である和田頼元が、自ら研究開発した組織編成による捕鯨法を開始。捕鯨が水産業として発達する始まりでした。頼元はまた、捕鯨業の利益を村に還元するしくみも作り、これは現在にも受け継がれています。太地町には町民出資の水産共同組合が存在し、新旧住民を問わず住民のほぼすべてが株主であり毎年分配もされるとのこと。なにかと話題になっているクジラですが、捕鯨とともに生きてきた町の相互扶助の精神が、四〇〇年の時代を超え継承されているのです。

和田さんは和歌山市からお嫁に来ましたが、その時お義母様から、「宗家として羽さしとは末代までつながりを持つように」と言われたとのこと。羽さしとは、クジラにとどめを刺す古式捕鯨の花形といえる世襲の役目で、今も屋号を継承しているそうです。和田家は明治期の古式捕鯨終了後は漁業には携わっていませんが、祭りや伝統行事、日々の折々に宗家当主として重要な役割を担っているとのことです。

サンマの背開き実習（那智勝浦町高津気）

素朴な料理の魅力

さて、食と農の学校当日は、約三〇種類もの創作料理が並び、毎回のことですが壮観でした。サンマを背開きにし中骨を取る実習では、普段は理系でコンピュータに向かうことが専門の男子学生も初挑戦。彼は後日ホームページに、「中骨を取るコツ」や「鯨肉の臭みと高菜との関係」について記述するなどすでにプロの感覚。体験が若者に与える影響のすごさを実感しました。指導をした八〇歳のベテラン主婦の奥さんには、実習後、弟子入りを志願する参加者が後を絶たず、食農学校では彼女を初代サンマ寿司大学の学長さんに任命しましょう、と盛り上がったほど。また意外な人気料理は、数種のサツマイモの煮物に少量のいった米をあわせた「うけ茶」でした。稲作に不向きな太

実習成果のサンマ寿司

試食発表会

地の素朴な家庭料理です。

食と農の学校では、七〇歳、八〇歳の地元講師が大活躍でした。地域食材を工夫し調理する地元の技は、本来それを受け継ぐはずだった団塊世代以降に余り受け継がれませんでした。都会に出て行き核家族を作った世代だからです。この世代が孫を持つ年齢となり、今、子どもたちの食生活の危うさが問題視されています。地元食の空白の半世紀です。

現代の食環境の中で、私たちは身も心もすっかり人工的な加工品漬けになってしまいました。そろそろ、地域資源の素朴で滋味深い食材を体に入れ、身も心もリセットする必要があるのでしょう。和田家のように、また太地町のように四〇〇年の伝統をその身の内に継承し育むことの健全さに気づくこと。当日楽しそうだった学生や参加者の表情が素直に健康的だった、と思うのは、脈々と受け継がれた「地元の食べ物」の効果だったからにちがいありません。

（六）ご当地発電

エネルギーの地産地消

ご当地エネルギーという言葉が最近登場してきました。ご当地グルメなどと同様に、その土地独特の資源を活かしたエネルギーということです。

最新鋭の太陽光追尾型発電システム（姫路市）。技術開発が進むが、一方、地元の手づくり発電所には、手の届く資金と地域の技術で運用できるメリットがある

　私たち和歌山大学のグリーンイノベーションプログラムに関わる研究者らは今から五年前には、地域の自然資源を活用したエネルギーを地域で産みだし、地域内で消費することで経済が地域内循環をする社会システムを提案していました。エネルギーの地産地消です。実証研究費を調達するために数多くの補助金に申請したのですが、何度も不採択を経験しました。まだまだ机上の理論と判断されたのかもしれません。ところが、東日本大震災後、原子力発電に大きく頼る社会のあり方を見直す気運が高まり、太陽光や水力など自然エネルギーを活用した発電

事業が各地で活発に取り組まれるようになりました。自然エネルギーで発電した電気を電力会社が一定価格で買い取ってくれる固定価格買い取り制度ができたことも、電気事業運営のための経済的リスクを低減させることになり、地域での発電事業の背中を押しました。

若者の動き

自然エネルギーによる発電が安定したお金を生み出すことがわかり、和歌山県内でも耕作放棄地や未利用地に太陽光発電設備が次々とできています。パネルを設置すれば発電はできるし売電収入はある、しかし、それだけでは、このエコロジカルな取り組みによる経済活動は大手資本や個人のものとなるだけで地域に還元されません。

自然エネルギーの導入には、脱原発やCO２の削減など環境面での期待と、自前のエネルギーを持つことによる地域活性化への期待があります。そこで、住民が自分たちの手で主体的に発電事業を実施し、売電収入を地域で役立てることを目的とした市民共同出資型発電所が各地に生まれてきています。最近、和歌山県に誕生したのが、一般社団法人南紀自然エネルギー。設立したのは串本町出身の若者と地域の住民。和歌山大学の自然エネルギー研究会の仲間でもあります。市民共同発電所のしくみを南紀自然エネルギーの事業計画書を事例にみてみましょう。

まず、市民の方から出資金を募ります。その出資金と銀行などからの借入金で太陽光発電所を建設運営。売電収入から経費や返済、出資者への配当を差し引いた純利益を基金として積み立て、地域の課題を解決するまちづくり団体などに寄付しようというもの。第一号は潮岬のお宮の森のそばに出力三〇キロワットの発電所を設置。剰余金による寄付を継続しながら十数年で返済完了。誰もが無理をせずに地域内でお金が回り、たとえば寄付金で海岸の保全や商店街活性化、子育て支援などに貢献できる事業スキームです。

市民共同発電の成功のポイントは、自分が住むエリア内で皆が関与できる規模であること。自分の出資金がどのように使われているかを常に確認できることがまちづくりへの主体的な気持ちを高めていくことになるからです。

南紀自然エネルギーの手づくりによる発電設備（串本町）

「どこか」で「何か」が作ったエネルギーを購入するばかりだった時代から、生産者と場所のわかるエネルギーが安全な消費（暮らし）につながる、エネルギーのトレーサビリティ（生産、流通の追跡可能性）が生活を保障する時代になったといえるでしょう。市民出資はこの安心安全な地域づくりへの投資です。

南紀串本の恵まれた日照条件を活用した、このわれらがご当地発電所の第一の関門はどれだけ市民出資を得られるか、潮岬の地に産声をあげた若者たちの未来への投資事業に注目しています。

（七）田舎の資本

山村留学の里

和歌山の北東部、和泉山脈と紀伊山地にはさまれたかつらぎ町新城地区を二〇年ぶりに訪問しました。新城地区は、旧かつらぎ町の最南部に位置する貴志川沿いの山間の地区。都会の子どもを一定期間預かり自然の中で育てる山村留学発祥の地として有名です。発端は新城小学校の児童数の激減に対する打開策でした。山村留学制度を率先して進めた当時の区長、浦正造さんらは、豊かな自然環境と人情が残っている田舎の暮らしが、子どもの心と身体の豊かな成長を助ける、という信念を持って里親運動を始めたのです。

私が最初に訪れた一九九四年は山村留学制度の開始から一〇年が過ぎた頃。新城小学校には二八名の児童がおり、半数以上が都会からの留学生でした。川遊びにつきあったり、山の秘密基地に案内してくれたりと元気いっぱいの子どもたちの大歓迎を受けました。その時におっしゃった浦さんの言葉が今も印象に残っています。

「今の都会の社会環境で本当に自信をもって次代を託せるような子どもを育成しとるんか」

浦さんの信念を実践し、新城の山村留学は三〇年間で三〇〇人近くの子どもを受け入れ、二〇一二年、新城小学校の廃校とともに終了しました。

人資本、空間資本

この日伺ったのは、放送大学和歌山学習センターの有志が行った新城地区活性化に関する住民聞き取り調査の報告会に参加するためです。調査結果を見ると、住民の約三分の一が「人情」や「助け合い」など人間関係に関することを地区の利点として認めていました。私が別の山村で行った調査でも、住民の生活上での拠り所は、村の人々の相互援助機能でした。助け合うという実機能をもつ人間関係が特に高齢化が進む地区にとって注目できるキーワードだとわかりました。これを「人資本」と言いたいと思います。「人」がむらを維持するインフラであったのです。また、田舎には豊かな自然と都会に比べ圧倒的に安価に手に入る家屋など「空間資本」があります。この人資本と空間資本のみが田舎の基本的な資本といえ、この中で人々は、地元資源を工夫した美味しい食や生活上の様々な技術を編みだし、お互いに助け合いながら暮らしてきたのです。

元新城小学校（かつらぎ町）

新城小学校は廃校になりましたが、里親を続けている住民もいます。また折々には、親となったかつての小学生が、九二歳となられた今もお元気な浦さんたち里親の元を訪れるそう

新城の皆さんと活発な意見交換がされた

です。

子どもが少ないことが多くの田舎にとって共通の悩み。しかし、地区外に住む娘や息子の子ども、元山村留学生やその子どもたち……。縁のある子どもたちは地区を同心円にして何人もいるはず。少子化を嘆く前に、地区の人資本と空間資本を基本に、「子ども資本」を持っていることに気づいてみませんか？　これは地区の持続性へ最強のポテンシャルではないでしょうか。

地域活性化策というと、自分たちがすでに持っている「田舎の資本」を忘れ、よそからの来村者に期待しがちです。しかし、訪問者はその後何度も足を運んでくれるでしょうか？

むらの行事に積極的に誘い、役割を与え、ひと夏や年末年始を、地元食を堪能し、野原を走り回り過ごしてもらうなど、子ども資本との縁を強固に重厚にすること。縁の積み重ねが故郷への愛を育み、いずれはたくましい担い手となる……。それが地区の元気が持続することの確実な道ではないか、と最近考えています。

（八） 女子と若者

〝女〟が変わる？

最近、女子大生に「専業主婦志向」が増えているそうです。厚生労働省の「若者の意識に関する調査」（平成二五年）によると、独身女性の三人に一人が結婚後は専業主婦になりたいと答え、特に世帯収入が四〇〇万円～一〇〇〇万円の層では四五％の独身女性が専業主婦を希望しています。この傾向を裏づけるように最近、アメリカで話題になった本が日本でも出版されました。表紙には「キャリア女性の時代は終わった。私たちは会社に使われない新しい生き方をめざす」と大きく書かれています（『ハウスワイフ2・0』）。ジャムをつくり、編み物をし、きちんと家事や子育てをする、「大草原の小さな家」のような昔ながらの生活が今の若い女性の憧れだというのです。著者はハーバード大卒、大学研究室に勤める経歴を捨て、田舎暮らしを実践する「高学歴」女性です。

学生に人気の森林体験実習（北海道大学和歌山研究林）

日本でも、若いタレントが結婚すると、手作り料理を毎日ブログに上げ、子供が生まれると可愛い子供服をデザインし売り出すなど、個人の生活が「すてきでしょう?」とばかりにメディアやマーケットに登場、そして人気になっています。内助の功で夫の成功を後押しする、そんなセレブ妻も昨今話題になっています。ところで、先の厚生労働省の調査には少し面白い傾向もあります。結婚相手に専業主婦になってもらいたいか、の質問に「そう思う、どちらかといえばそう思う」と答えた男性は二〇%前後と女性の意気込みに比べやや低調。独身男性には、家庭の収入へのプレッシャーがあるようです。

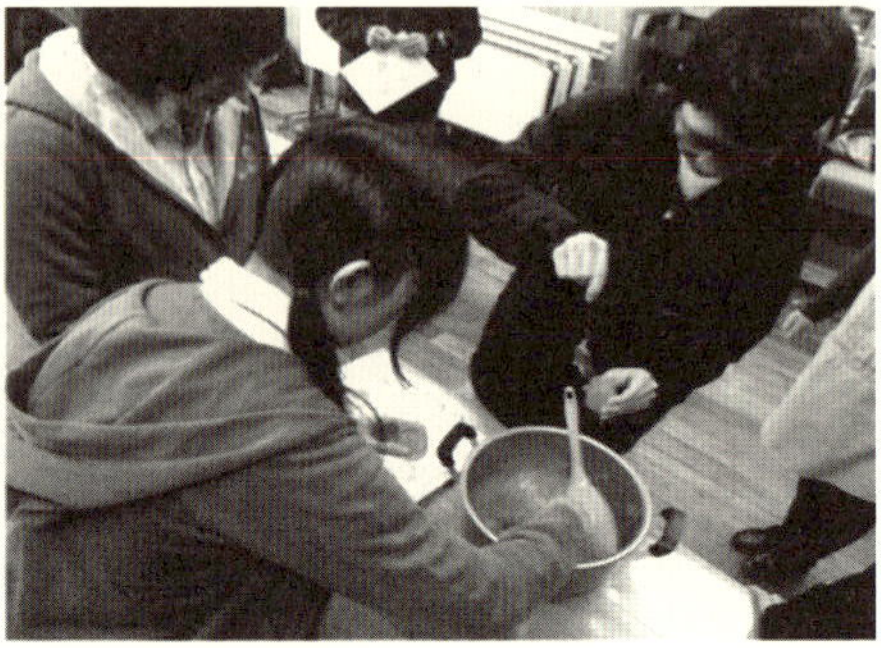

ユズジャムづくり実習

自由な生活の不自由

キャリアウーマンの道を開拓した団塊世代以降、今の五〇歳位までの女性は、スケジュールびっしりの手帳片手に都会のビルを駆け回り、髪振り乱して育児と仕事を両立しようと奮闘してきました。そしてやっと仕事も自己実現も社会参画も実現できる、そんなチャンスがめぐってきた娘たちの世代に、揺り戻しのように専業主婦志向が増えているというのです。理由は推定できます。汚れていく環境、不安な食、倒産する企業、出世に邁進したストレスだらけのパパやママの世代は幸せには見えなかった……。それに比べ「おばあちゃんのような心豊かなほんものの暮らしを実現したい（実は曖昧としたイメージのおばあちゃん）」、それこそが新しい生活スタイル。

日本の特に高学歴女性ほど結婚後に仕事復帰をしない、というデータがあります。労働率をみると、卒業後に上がり、結婚してぐんと一気に下がりその後若干復帰するものの低調に推移する、その形状から「キリン型」就業とも言われ、この傾向は今も変わりません。しかし、ここできわめて直球の疑問が出てきます。あなたが志向する「優雅な手づくり生活」はだれが保証してくれるの？それはお金持ちの夫？

自分の生き方として田舎に入ってくる若者が和歌山県にも多くいます。自分の才覚で自給自足の生活も地域再生に尽力することも自由に選択できる時代。そうした動きに対し近年、地方大学が関わることも増えています。メディアなどでの無責任な先導もあるようです。しかし、経済的な後ろ盾がないため、志がありながらも日々の生活にもがく若者も見てきています。それは規則に導かれる会社員よりも、もっと厳しい。自由の中の不自由です。

専業主婦志向の女子学生たちと一方、地域の現場でもがく若者たち。マニュアルのない世界で自らの手で切り開く人生と経済が両立するために、学生時代に何が必要なのか……。今後さらにこの話を続けたいと思います。

（九）棟上げワークショップ

伝統技術は宝の山

那智勝浦町での水車小屋再生プロジェクトも五年目を迎えました。決して無理することなく、時間をかけて地域との人間関係を築きながら進めてきています。那智山東方の高津気の里の光景に魅せられ、地区に残る大きな水車小屋のいわれを住民の方々にインタビューしたことが始まりでした。その後、設計専攻の学生が古老に匠の技を聞き書きし、水車の設計図を仕上げたのが第一期。巨大な水車の実物を復元しよう、という計画が具体的になってきました。

先輩の設計図を片手に、後輩学生たちが地域の工務店さんや若者の指導を受け、直径三メートルの木質水車を完成。これが第二期で、第三期には築八〇年の水車小屋の撤去に取りかかりました。利用されなくなって数十年もの間、地区の変遷を見続けてきた木造の水車小屋は、すでに傾いた外見にも関わらず意外にしぶとく、埃まみれの解体作業中、瓦をめくると杉皮で葺いた下から美しい杉の野地板が現れた時には学生とともども感嘆の声をあげたものでした。名のある建築物ではないが、その内部に伝統技術という宝の山を内蔵したまま数十年の時を経てきたのです。この宝を見過ごすことができるでしょうか。

魔法の道具

プロジェクトの第四期は、いよいよ水車小屋の再生です。地域資源を活用し自分たちの手で作りあげるため、この日は、地元の若者である新谷君が先生役となり製材所の機械を借りての製材作業。新谷君は学生とそれほど年齢は違いませんが、独学で大工仕事にもチャレンジしています。プレーナーを通った角材に指金《さしがね》を当て水平を確認していくのですが、新谷君によると指金とは聖徳太子が中国からもたらした「魔法の道具」。角度はもちろん、三平方の定理に基づいた計算や種々の測量ができる道具で、大工さんでも使いこなせる人は数少なくなったとのこと。もちろん彼もまだまだ勉強中です。ところで、尺貫法は大工の世界では生きているようで、私たちにとっても敷地何ツボ、間口何ケンと言う方がピンと来ます。法律で禁止しても生きて使われているのは、風土や風土に従った伝統技術に対する合理性があるためです。しかし、学生に聞くと、尺《しゃく》や寸《すん》は理解しません。ところが合宿で自炊をすると「今夜の米は一升では多い、残り物もあるから五合炊こう」などと言います。ご飯は生活に根ざしているため伝統測量に対するリアリティがあり、大工仕事には現実感がなく「わからない」のです。

地元の若者と学生。材木の準備と設計確認（新宮市）

棟上げワークショップ

地域が何年も持続したのはそこに「持続に足る」技術があったからです。聖徳太子が持ち込んだ魔法の道具は千数百年の時を経て現在も生きています。しかし、多くの宝がこの数十年の怒濤の経済成長の中で、かの水車小屋のように沈黙の日々を過ごしました。私たちは、宝を使いこなすという点では怠慢だったと言わざるを得ません。技に通じた年長者がいるうちにその技術を学び、若者に受け継ぎ、地に足をつけた生活実感を取り戻したい。地産地消を標榜するのであれば、自ら地域資源を使いこなせなくては。そういう思いを込めて、水車小屋の棟上げワークショップを開催しています。

水路の掘り出し（那智勝浦町高津気）

（一〇）元気な「高齢化」

二人で一人を支える社会

高齢化率とは六五歳以上の人口が総人口に占める割合のこと。世界保健機構では高齢化率が七％

を超えると高齢化社会、一四%を超えると高齢社会、二一%を超えると超高齢社会と定義し、平成二五年度の日本の高齢化率は二四・一%で世界一。「世界のどの国も経験したことのない」(高齢社会白書)超高齢社会に直面し、仕事現役世代のほぼ二人で一人の高齢者を支える社会となっているのです。

とはいえ、絵本に登場するような「絵に描いたような」おじいさんとおばあさんはあまり見かけません。今の六五歳は第一線をリタイアしたとはいえ、大変元気な方が多く、大学の公開講座などで積極的に発言したり地域づくりのリーダー役になっているのも多くはこの層です。

前田さん夫婦

和歌山県では古座川町の四七・五%をはじめ、特に県南部には高齢化率が四〇%を超える町村がありますが、これらの地域に行くと年齢を聞いてびっくりすることがあります。八〇歳を超えてなお田畑を耕す現役の方々に多く出会うからです。

大先輩に学ぼう

古座川町最奥の平井地区は高齢化率が八六%(二〇一二年)にもなる山村です。数字の上では大変な超高齢山村。しかし、訪問する度にその芯のすわった人々の暮らしように学ぶことの多い地区です。前田卓治さんは、昨秋の調査時には八八歳なが

大学の野外講座で話す山口さん（右から２人目）

ら農業は現役。稲刈りも終わり、端然と干された「はざかけ」が美しい田んぼの前で、昭和初期に村に導入した水力発電の話を伺いました。これにより村に初めて電灯が灯った話や村民による運営の苦労など、次々と語られる地区の生活史の豊富なこと。八一歳の奥様は背筋もピンとした元気な方で、和歌山大学の本山教授直伝の筋トレを毎朝欠かさず続けているとのこと。このような山村で「本山先生」の名前が出たことにも、県内で健康体操普及に努める本山先生のフットワークにも驚きました。

また、私が頻繁に訪れる那智勝浦町高津気地区の山口平雄さん（八五歳）は一九八〇年に解散した最後の水利組合長。若い時には一時東京に出たこともありましたが「おまえは農業の指導者になれる人間だ、帰れ」との町長からの手紙で帰郷。その後は農林業に励みながら地区初の町会議員として六期二四年を勤めあげました。現在和大と住民が共同で再生作業をしている水車小屋は山口さんらの父親世代が建設。大型の水車を導入した小屋は、小山を崩し平地にして建設。また水路を掘って水を流したのです。すべてが住民の共同作業でした。

地域資源を活用し自前で生きるための資産を確保すること。山口さんからお聞きする地区の生活史には常にこの筋が一本通っています。水車小屋建設現場には山口さんが農作業の合間によく来てくれます。学生が悪戦苦闘する大工仕事にも一応の技術はお持ちでアドバイスも的確。私たちは地域の課題を解決する、などと簡単に口にしがちですが、昨日今日生まれた若者やノミひとつ操れない私のような研究者にできることはたかが知れています。

地に足をしっかりとつき、地域で生き抜いた八十数年の濃密な生活技術と知識、働くことと生活が一体となった強い意識、これを生きる力というのでしょう。これを学ばずして地域再生の何を語れるでしょうか。高齢化を言葉だけで騒ぐ前に、今日もしゃきっと暮らしておられる先輩たちに学ぶことはとても多い。急がなくては、と思っています。

（二）お金は（そんなに）いらない

グリーンの志

私がマネジメントをしているプログラムに「和歌山大学型グリーンイノベーション創造プログラム」があります。本欄での報告の多くは、このプログラムで実践してきたことが背景にあります。学内では通称「農林」とか「グリーン」などとざっくばらんに呼んでいます。そんな表現をしたくなるほどに、伸び伸びと自由な研究を進めています。

和歌山大学型グリーンイノベーション創造プログラムのホームページ
http://www.wakayama-u.ac.jp/greeninnovation/

通称「グリーン」は、和歌山県の基盤である農林業や農山村の持続に注目した教育研究を地域で展開する、という学長の志を受ける形で二〇一一年に研究体制が発足、翌年から文部科学省の予算を獲得して現在に至っています。企画推進担当者としては、学長のお財布からいただいた貴重な研究費を元手に、引き続き研究を進め、地域に対峙する大学として「農林研究」を花咲かせたい、との強い想いをもってペーパーを仕上げたものです。

幸いにも国から採択され、三年目の今年。プログラム内では、文系理系の混合チームで八つのプロジェクトを進めてきています。テーマを紹介します。一、農業・農村複合化プロジェクト　二、南紀熊野地域資源利活用プロジェクト　三、農を用いた教育プロジェクト　四、森林資源利活用促進プロジェクト　五、農山村型情報通信自律化社会システムの実証研究　六、都市近郊農地におけるソーラーシェアリング導入研究　七、紀伊半島の生態環境利活用研究　八、中山間地におけるエネルギー導入可能性研究。課題名には「具体的な何を」「どうする」という研究の意志をこめました。研究チームが志す地域社会の近未来図を理解していただけるでしょうか。

予算の季節

研究には資金が必要です。実験地へ頻繁に通う旅費、実験設備や機器、調査費、人件費、文献費など。研究費獲得が「できる研究者」の第一歩なのです。そのためどの大学も、研究資金獲得のため国などに対しせっせと申請書を書きます。

「グリーン」では、プログラム内のプロジェクト数が多いため、一研究あたりの配分額は、外部からの助成金としては少額の部類に入ります。学内ではその数倍もの研究資金を大学から配分されているスター研究が毎年存在します。一方、私たちは草の根研究といえますが、スターに負けない濃密な研究を進めていると自負しています。

学生が農業者に学ぶ実験地の整地作業（海南市）

他の研究者同様私の場合も例年、複数の外部から資金を獲得し、複数の研究を並行して進めます。重箱の隅をつつくように決算報告の厳しい助成元もあり、音を上げることもしばしば。優秀な事務方の助けがあってこそ乗り切っています。彼らの主張はこうです。「不正を決してすることなく、少ない予算で最大のパフォーマンスを上げよ」。当然です。一円でもウン千万円でも変わらず公金。そして大学は研究を社会の価値へと還元する使命を持っているのですから。

実はお金はそんなに必要がないのです。いや、お金は使い方により悪貨にも良貨にもなってしまう。お金の多寡と研究の密度は決して比例しません。

地域という地べたに張り付き、その地でまかなえるだけの養分資源を活用し、それを明日の命へと返還させる、そのように生きてきた多くの先人にならい、土地の有り様を真剣に見つめ、知恵と工夫でできるかぎりの教育研究を実践すること。頭と財布は使いよう、それが地域で生きていくことの基本。そんなことを考えながら今年も各所に研究費の申請書類を書いています。

（一二）青い目の人形

ベティさん

「青い目をしたお人形はアメリカ生まれのセールロイド」（野口雨情、大正一〇年発表）という歌が有名ですが、昭和初期、日米の友好の証としてアメリカから一万二〇〇〇体の人形が日本に贈られました。人形たちは、雨情の歌にちなみ、青い目の人形と呼ばれ、日本からは返礼として高価な五八体の市松人形が海を渡りました。当時、アメリカで日本人移民への排斥運動が起こり、日米の緊張関係が高まり、そのため親善人形の交換が行われたのです。

青い目の人形は名前とパスポートを持参しており、メリーさんやローズマリー嬢と呼ばれた人形たちは全国の小学校などに配布。和歌山県には一七七体が配られ、そのひとつが昭和二年四月、有田川中流域の粟生村の粟生尋常高等小学校にやって来ました。名前をベティ・デイトリッチといい、ピッツバーグから贈られたものでした。その時の様子について、町誌はこう記述しています。

「四月二六日、岩倉神社にて歓迎会を開催し……会は青年団楽隊部の華やかな演奏に続いて、一、開会の辞　二、ベティさんの挨拶（児童が演じたもよう・注筆者）　三、歓迎の辞（児童代表）　四、訓話（校長）　五、講話（村長代理）　六、歓迎の歌　七、閉会の辞の次第に従って進められた。その後万歳三唱、記念写真を撮影して和やかなうちに終了した」

旧清水町立安諦小学校押手分校（2005年廃校）

果たして村長代理は、紋付き袴だったのでしょうか？　ベティさんは椅子に腰掛けていたのでしょうか？　当時の村人の様子に想像がふくらみます。近隣の二川村の二川尋常高等小学校にも青い目の人形が到着していますが、ここでは、村人が楽隊と共に歓迎歌を歌いながら途中まで出迎え、多くの村人が人形と対面し遠路の疲れを慰めた、とあります。全国に散った人形たちも同様に大盛会の歓迎式で迎えられましたが、太平洋戦争が始まると敵国の人形として悲惨な虐待を受けた後にそのほとんどが消失したとのことです。

手垢のついていない「研究の原石」を集めた、和歌山を研究するためのネタ本（筆者編、和大研究者有志著）

廃校と社会行動

和歌山県の廃校調査を開始して三年が経ち、すでに一五〇〇件近くの現地調査と文献調査を進めてきました。先のベティさんの舞台となった有田川町の旧清水町域には明治初期には二六もの村があり、二〇の小学校が設立されましたが、現在は5校です。廃校問題は、廃校舎の有効利用が話題になりがちですが、廃校の背景には、統廃合、分校化、移転、名称変更、校区変遷など複雑な歴史があり、それに関連した人々の葛藤や対立など、ダイナミックな地域の変遷史が隠れています。

町誌や学校沿革史を読んでいると、編纂者の編集力、洞察力により、一幅の絵のように村のある時期のストーリーが活写されていることがあります。青い目の人形の話題もそのひとつ。紀伊半島の山間の村に降ってわいた国際問題。横になると目を閉じ、起き上がると「ママー」と声を出したという一体の人形にあたふたと、大まじめに、時に滑稽に対応した村人の社会行動が浮かび上がるのです。

歴史の因果を紐解いていくとそこには無数の研究テーマがあります。廃校利用という表の目立つテーマだけではなく、地域の変化に秘められた多くの出来事を探求することで、歴史の糸は地域それぞれの個性という鮮やかな文様を浮かび上がらせるのではないでしょうか。

（一三）トンボと未来遺産

ビオトープ孟子

大池遊園駅は、和歌山市と紀の川市貴志川町、海南市が交わる点に位置する小さな駅です。この駅に虫網を片手に長靴を履いた学生らが降り立ちました。この「異様な」格好で大阪からやってきた猛者もいます。今日は、ここから徒歩三十数分の現場で環境調査なのです。

大池遊園駅の南側が海南市北野上地区。この辺り一帯はユネスコ未来遺産に指定されています。モモの袋がけが始まっている畑や手入れされた田の間の小道を歩き、着いたのはコアゾーンである孟子不動谷の里山。管理しているのはビオトープ孟子です。

集落に近接する里山は、かつては薪をとり炭を焼き下草を刈ったりと、人間の生活と関係の深い山でした。これら用材を必要としなくなり、人が入らなくなった里山は荒れました。孟子地区でも谷の田んぼは放棄され、人々は心を痛めていました。そこで地区の人々が昔の風景を取り戻そうと、水田を多種多様な生物が棲めるビオトープとして再生に取り組んだのが、今から一五年ほど前。土地が回復すると共に、数多くの昆虫、鳥、獣、植物が蘇り、地道な管理作業が実って今では絶滅危惧種も数多く含まれる昔のような生物多様性が実現されたのです。この取り組みが評価され、ユネスコが掲げる「一〇〇年後の子どもたちに長い歴史と伝統のもとで豊かに培われてきた地域の文化・自然遺産を伝える」未来遺産に認定。日本の宝として認められたのです。

未来への遺産

さて、この日は、学生たちとトンボの採集調査。種の数が多く環境の変化に敏感なトンボは環境指標となり、生息状況により周辺環境の変化や水辺の汚染などの環境評価に使われます。見た目も美しく親しみのある昆虫のため環境のシンボルともいえます。指導者はビオトープ孟子、有本智さん。大手出版社の

未来遺産の孟子不動谷

図鑑に写真を提供するほどの優秀な研究者です。調査に手を挙げた学生は全員がトンボ採集初心者。網をブンブン振り回すだけでなく、網の扱い、トンボの触れ方、持ち帰り方法など基礎の「き」から習い、いざ採集。

今回の調査は「トンボを題材に環境評価ができる人材育成」が目的。六〇種ものトンボが確認できている現場環境ですが、水辺や湿地に入り、藪を駆け回り、その一頭一頭を捕らえ種を確認し分類調査していきます。これが月一回以上、一〇カ月続きます。ここまで自然に向き合い格闘する、

まさにリアルでダイナミックな実践教育といえます。

「和大の学生は自治体に就職することが多いが、この調査をきっかけに自然を自分の目で正確に見ることができ、分析する能力を身につけ、卒業後は環境がわかる職員になってほしい」と有本さん。環境保全は社会ニーズです。しかし、環境と社会運営がせめぎ合う局面での判断を求められた時、曖昧な印象に基づくのではなく、科学的な環境評価が議論の焦点になります。それが「環境がわかる」ということ。

トンボを探す学生

「なぜ?」の根拠を調査事実から示し、生活と環境の接点をコーディネートするのが「社会技術」といえます。高い社会技術を持つ卒業生が県庁や役場で活躍すること、それこそ和大の最たる地域への貢献ではないでしょうか。

口先だけの「賢い」大人にならないようにしよう。予定調和の環境教育に甘んじることをやめよう。トンボの目を見つめることは、社会の理想や矛盾を見つめること。野を駆け回り大学本来の姿である調査に没頭してみよう。未来への遺産は、あなたたち学生の手に委ねられているのですから。

（一四）魅せる大学

ありのままに

行動展示という方法で、日本最大級の入場者数を誇る北海道の旭山動物園。見学者が動物施設の中に身を置き、動物の生態を生で見る方法で大人気です。サルやホッキョクグマ、アザラシなどさまざまな動物が寝転がったりしているその場のまっただ中を人間は柵、ガラスに囲まれ、また鳥カゴ状の檻に入り、間近から動物の「暮らしぶり」を観察します。時に動物の方からガラスに顔を寄せて人間を観察に来るなど、どちらが見物者かわかりません。動物だって、取り澄ました「表の」展示用の顔だけではなく、餌を探したり、ケンカしたり、子育てしたり、と今まで入場者にはあまり見えなかった生活実態があります。その「ありのままの」姿を見せることが旭山動物園の魅力であり差別化になった、とのマーケティング分析もあります。

同じ北海道の苫小牧市に北海道大学苫小牧研究林があります。最近、訪問しましたが、市街地に隣接する平地に二七一五ヘクタールという広大な森を持ち、豊かな森陰を人々が散策するなど一般開放もされています。林内にはさまざまな実験設備が配置され、さながら「森林研究のテーマパーク」と研究林案内に書かれているほど。動物、植物、鳥、魚、昆虫、土壌、大気に至るまで、森林とあらゆる生態、環境との関連性についての研究がなされているのです。

高さが二〇メートル以上もあるジャングルジムと呼ばれる施設は、公園のジャングルジムをそのまま巨大化したような形状ですが、森林内に一〇基以上もあり、ここに昇り、森林の三次元動態調査や上層の生物相の調査を行います。これは同大学の和歌山研究林にも設置されており実習の際に昇りましたが、施設を伝って縦横に動けるため、幹、枝、葉など樹木と同じ目線での観察が可能です。

「これを設置したのは私です」とジャングルジムを見上げ、いたずらっ子のような目でおっしゃったのは、森林生態学者でもある苫小牧研究林の日浦林長。林内には、テントを張り現場で寝泊まりして調査を続ける若い研究者や海外からの研究チームもいました。現場に張り付いた実証、実測研究だからこそ、研究はより深く、より面白くなるのだろうな、との印象を持ちました。

林冠クレーン：ゴンドラで地上25メートルの空間を自由に移動しながらの森林研究（北海道大学苫小牧研究林）

地域丸ごと研究室

和歌山大学は丘陵地にあり散策をする市民の方の姿も見えますが、小規模な校地のため、北海道大学のようなダイナミックな研究公開には限界があります。しかしキャンパスが狭くても「これが和大の研究」としての見せ方を提案したいと考えています。

エコミュージアムとは、エコロジーとミュージアムの合成語で、一定の地域に受け継がれてきた自然環境や文化、生活様式などを地域全体で持続可能な方法で、保全、展示、活用する概念。和歌山県内にはエコミュージアムに相応する地域が多く、そこでは自然科学系、人文社会系を問わず多様な研究展開の可能性があります。特定エリアに研究者がたくさん入り、地域のただ中でそれぞれの専門研究を展開する方法は、魅力ある「和大の研究展示」となるはずです。

現場に張り付く研究者

苫小牧研究林で実感したのは、市民に開かれた研究施設、若い研究者や学生が現場に張り付いて調査研究をするライブ感、大学の知的財産を展示する場、の三点です。この三点を実現し、純粋に研究に没頭する姿を「見せる研究室」は大学の新たな魅力になるはず。そしてそれが市民の自慢のエリアにもなる、和大と地域が連携した地域丸ごと研究室、というアイデアはどうでしょうか?

（一五）紀の国わたし物語

六三人の仕事

最近、自分のむかしの仕事を見直す機会がありました。一九九八年、一〇人の仲間たちと一緒に一冊の本を出版しました。『紀の国わたし物語―うみ・やま・さと・まちに生きる』というタイトルの本で、和歌山県内で「自分で仕事をつくり暮らす」六三人の女性にインタビューしたものです。当時、農村地域で女性が取り組む朝市や食品加工などに対し、農村の女性起業という言葉が政府の文書の中に初めて登場し、男女共同参画基本法が制定されるなど、「女性の力」の社会への活用が注目され始めた時期でした。まちおこし、地域づくり、という言葉も大きなうねりとなっていました。

『紀の国わたし物語』（夏蜜柑編、1998）

しかし、地域活性化というけれど、自分は和歌山県のことをどれほど知っているのか？　観光など表の華やかさとは別の、内実の生の姿

ゆず加工場（古座川町）

を知らないのではないか？　そんな自問がありました。それには、まず、和歌山県の五〇市町村（当時）を訪ね五〇人に会おう。各地で地に足をつけて働いている人の姿を通して、地域で生きるとはどういう事なのかを知ろう、と思ったのです。こうして和歌山県のまちでむらで漁村でと生きる女性たちをインタビューする仕事が始まったのです。こだわったのはひとつ、土地の風土と向かい合い「仕事」を作りだし、生業としていること。

「小さな仕事」の強さ

きっかけは本に登場した一人の女性との再会でした。インタビュー当時、彼女は串本町の二五歳の女性漁師でした。カツオを追って太平洋を下り、イセエビ、タイ、ブリ漁にと海で生きる様子を話してくれました。「太平洋から昇る朝日に染まった海は感動的、こんなきれいな海の町で大好きな仕事をするのは幸せ」と。そして、一七年後の彼女は、みなべ町の梅農家のお母さんになっていました。南高梅の生産直販で多くのファンとの交流活動に明るく元気に取り組むたくましい農家になっておられたことに感動しました。地に足をつけて暮らす「当たり前の生活」の実践力に圧倒されたのです。

古座川町のゆず加工の取り組みは、インタビュー当時、年間三〇〇〇万円を売り上げる農村女性起業の成功事例でした。主婦たちのジャムやポン酢づくりが、その後の地域の高齢化や一次産業の不振から、地区のほぼ全世帯が出資したむらぐるみの食品加工法人として成長。山村が生き残るため、女性たちの小さな取り組みに賭けた住民たちの決意があったのです。最初にジャムづくりを呼びかけた寺本微笑子さんの農園には、和大の学生実習でもお世話になります。起業が一億円を超え、次の世代に引き継がれた今も、彼女は八〇歳を前にした年齢ながら、率先して学生に教示をしてくれる農業の現役です。

農産物の六次産業化が政策の支援のもとブームになっています。行政が予算をつけ地域資源を活用した事業化をめざしますが、全国市場という競争の場で勝つことが目的ですから、大成功するかもしれないが困難も大きい。そのような祭りに乗らない、乗っても限度のある身の丈の乗り方で、肝心の部分は風土の中で生業をコツコツと積み上げること。それが、時の移ろいの中でも生き抜く「小さな仕事」の強さ、地域で生きることの原点ではないでしょうか。

本には、林業、海産物販売、温泉女将、花火師、猟師、醤油づくり、酒づくり、観光農園、その他多様な業種の女性たちが登場しました。ものをつくり、工夫し、社会に働きかけ、自分もむらも主体的に生きてきたその姿に学ぶことはとても大きかった。この本に登場した人と仕事と風土はどう変化しているのか、変わらないものがあるとすればその真実を知りたい、と再調査を考えています。

（一六）田舎の希望

ほんまにえらかった

数年前、インタビューをした女性の言葉が心に残っています。彼女は紀南の山間集落で戦後を生き抜いた農家の主婦。自身の生活を振り返りこう語りました。「用水路の補修のために、バイスケを天秤棒で担いで山から一〇回でも二〇回でも繰り返し赤土を運んだ。その赤土をきねで叩いて穴に詰める。その作業の繰り返しで、ほんまにえらかった（重労働だった）」。バイスケとは四角を縄でつり下げた籠のこと。籠は直径四〇センチもあったといいますから小柄な彼女にはどれほどの苦難だったことでしょう。しかし、労働の後や旧正月の祭りでは、「皆で食べて話し、踊り、楽しかった……」。

米づくりにとっての水路は地区の人々が共同で管理維持するもので、女性とはいえ、泥まみれになって山から土を運び出すつらい労働の先に収穫の喜びや慰労があったというのです。労働と慰労の象徴が水車小屋でした。人々は年始には水車小屋に集まり、その年の農作業の計画を話し合い、作業の後には料理を食べ、歌い、楽しみを分かち合いました。山や川は人々の生業と生存に密接に結びつき、「ほんまにえらかった」という人との関わりの中で保全されてきたといえます。

その後、精米機の普及とともに水車小屋は使われなくなり、地区では離農が進み、水車小屋は数十年の時を朽ち果てるままに過ごしてきました。

人と資源の関係

最近、熊野地方の家庭料理のレシピ集をまとめ、各方面から多くの関心をいただきました。スーパーに行けば世界中から供給される華やかな食品があふれていますが、一方で人々は田舎に受け継がれた味やモノを望みます。和歌山県の観光キーワードに、「ほんまもん体験」があり人気メニューになっていますが、地元食への関心の高さも「ほんまもん」への人々のこだわりなのでしょう。では、ほんまもんの「ホンマの姿」とは何でしょうか?

水車小屋づくりで大工仕事を学ぶ（那智勝浦町高津気）

地域社会に存在するほんまもんとは、長い時間をかけてその地に住む人々との関わりの中で生き続けてきたものです。田舎の人々が手塩にかけて育んできた暮らしの有り様が都会の人々の心を引きつけてやまないのです。だから、ほんまもんの「ホンマの姿」は、それに関わる人の存在なくしては語れません。しかし田舎に人の姿が少なくなり、ほんまもんの存在も危うくなってきました。

和歌山大学では、住民の方に学ぶ昔ながらの工法で、素人の

復元中の水車と水車小屋

手作りで水車小屋の再生にチャレンジしています。地元の人が関与しなくなった水車。不便でつらい労働の苦しさや時には楽しみもあった生活を思い出させる水車。私たちはこうした過去のノスタルジーをかき立てるモニュメントを作っているのではありません。これから役に立つ「使える道具」を作っているのです。

ほんまもんの地域資源は捨てるには惜しい可能性をもっているはず。地区の生活史は苦しくもつらかったが、水車の動力は地区の人々の生業を支え、水車を要とした生活様式は高齢化といわれるほどの長寿な生存を保証してきたのですから。

ほんまもんを地域社会で運用するには、これから何十年も地域で生きていく人たちの知恵が必要です。未来への絵に命を吹き込むのは地元で暮らす人々。資源と人と地域との関係性を再び、希望への足場とするために、水車再生の仲間を募っています。

（一七）若者の田舎回帰

ふるさとの気がかり

地道な草取り技術を学ぶ、水田の管理実習（古座川町平井）

和歌山大学経済学部の同窓会で講演の機会をいただきました。講演後の懇親会で一人の方が席に来てこんな話をされました。自分の故郷の家は農家であったが父母はすでに亡く、耕作を頼んでいた人も高齢となり続けられなくなった。田は放っておくと再生がむずかしい。県外で生活をする自分には耕作ができない、どうしたものか、というのです。和大の経済は「天下の」と称された和歌山高商をルーツに持ち、日本の高度経済成長を支えた経済人を輩出してきました。彼らがビジネスの舞台で大活躍をしていた一九六〇年代以降、日本の経済は右肩上がりに拡大しましたが、農家の数は激減しました。

日本の農業就業者数は、一九六〇年には一四五四万人でした。その後減少し続け、近年は毎年一〇万人が離農。

経済学部同窓会

二〇一四年では二二七万人（概数）。平均年齢は七〇歳近く。五〇歳以下の農業就業者は三四万人（二〇一〇年）。それなのに八〇歳以上が三八万人（同年）もいます。七五歳以上では八〇万人（同年）となり、現在の農業は後期高齢者頼みといえます。主たる担い手の超高齢化は限界産業、消滅可能性産業ともいう状況です。

食とエネルギー

この農業農村の現場に自ら入り込む若者が目立ってきました。二〇～三〇歳代の若者の半数近くが田舎暮らしへの志向があるとの報告もあります（日経新聞調査、二〇一四年）。一〇年前の別の調査結果より一〇ポイントも上がっています。新鮮な農産物、心の充足や人情、自然環境など、田舎の利点は世代を問わず都会の人には魅力的で、これらを活用した商品開発や観光事業が盛んです。農山村移住はもっと上の世代からもありました。食や環境問題に対する強烈なアンチテーゼとしての思想を持った移住、グリーンライフを楽しむゆとりある移住など。しかし最近の若者の田舎回帰にはこうした上の世代の傾向とは少し違った印象があります。

伝統産業の技術を学び伝承することで起業を模索する、山村の廃校を拠点に、農業を中心にパン焼き、移動販売、カフェや本屋、とさまざまな生業を起こそうとする試み、耕作放棄地に市民出資型太陽光発電所を作り売電益を地域振興に還元しようとする取り組み、農業用水を活用した小水力発電所を建設し、ついには集落全戸の電気や農産物加工所の電気をまかなおうとする壮大な取り組みなど。中心となっているのは、生産側の当事者として田舎に移住し、あるいは田舎と関わり、地域内部からの変化を巻き起こそうという若者たちです。キーワードは食とエネルギーの自給。食べ物でも原発でも消費者でいるかぎり安全性に不安がつきまとう。私たちが消費をするばかりだったその間に、巨大なモンスターになってしまった食とエネルギー。田舎暮らしの大きなきっかけは命に対する危機感だといえます。

荒れたふるさとの田の問題にとまどう団塊世代を横目に、若者はもっとしなやか。地元の先達から基本的な田舎で生きる技術を学び、そこに若者が持つアイデアやソフトづくり、インターネット上でのコミュニケーションや仲間作りの能力を加える。生きるための生業の創出には無敵のようにも思われます。地域の疲弊を嘆かず、むしろ田舎という地域資源の宝庫をどう活用しようかと、希望に満ちた小さな風があちこちで起こり、やがて積み重なって大きな風になる、そんな日も近いのではないでしょうか。

（一八）志賀村郷土誌

すごい資料

和歌山県内の廃校調査に取り組んでいますが、最初は廃校舎の利活用調査として廃校の表の顔だけを尋ねていました。しかし、廃校の廃校たるゆえんを調べたくなりました。町の中心地での廃校、分け入る道も荒び森の中に埋もれようとしている校舎、時の流れの中で朽ちるままに立ちつくし、地区の四季をただ眺めている校舎。

廃校には、明治五年の学制頒布後一四〇年に遡る地区の歴史が濃密に関わっています。いやそれ以前、子どもたちが寺や庄屋さんの座敷で机を並べ読み書きを習った寺子屋の時代にまで。今の廃校の前身、そのまた前身、さらに前身と文献を手がかりにルーツをたどり、現在一五四五の学校を確認。所在地も当時の村機能の分析から類推し一一〇〇以上を訪問、ほぼ確定しています。

村を調査する

過去を辿るには資料がとても重要です。和歌山県は明治二二年に死者行方不明者を一五〇〇人も出す大台風に見舞われ、大量の資料が流失したとあり、学校沿革史や行政資料にも誤った記述の踏襲や矛盾が散見されます。そんな中でいくつかの貴重な文献に出合いました。そのほとんどが民間の手によるもの。郷土への情熱から地を這うような資料収集で編纂された「すごい」資料です。

清水文庫

日高地方の郷土史を収集したものに清水長一郎文庫があります。埋もれていた文献といってもよいかもしれません。戦後、著者は勤めが終わった夜間に地域に残された郷土誌、災害史、古文書などをひたすら筆写。物資の乏しい時代、職場の廃棄文書の裏に手書きし、膨大な自家版資料として残したそうです。私たちが把握しただけでも八三の編纂資料があります。それを後年、定年退職した息子さんがワープロでデジタル化しました。父上の膨大な郷土資料に立ち向かった息子さんの作業は、旧仮名遣いや手書き文字とのどれほどの格闘であったか。たとえば「志賀村郷土誌」は昭和九年に志賀村尋常高等小学校がまとめた元資料を清水氏が筆写したもの。志賀村は今の日高川町の明治期の村。地形、気候、産業、教育、社寺、宗教、風俗習慣に至るまで記録され、たとえば

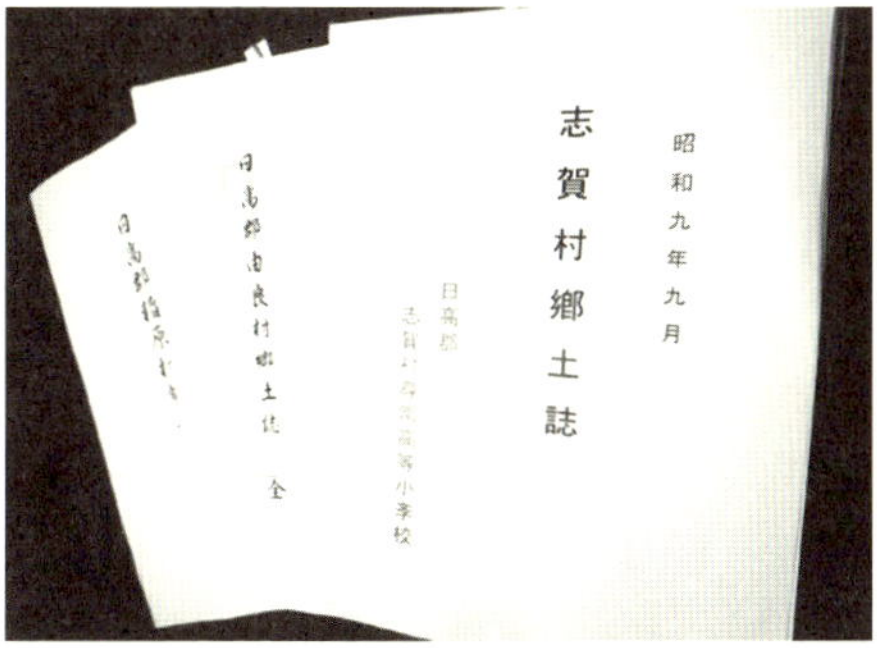

郷土誌資料（清水長一郎文庫より）

二一〇〇余人の人口に、郵便ポストが五カ所ありその位置、リヤカー五〇台、自転車二七六台などとまで詳細なデータが満載です。ここまで「すごい」のですが清水氏は筆写の後書きに、小学校で編纂したものなので「村民の生活を、極めて及そうに触れるに止めたるは遺憾なり。将来郷土誌を成す者、此の点をよく心す可きなり（原文ママ）」と手厳しい。まだまだ浅いと批判されているのです。

オルタナティブな学生づくり

和大の教員有志で今「オルタナティブな地域学を実践する学生づくり」プロジェクトをしています。徹底して和歌山を調べ尽くす研究で学生を仕込もうというもの。清水氏が何年もかけた血のにじむような資料も今ではインターネット上でクリック一つ。それを寄せ集めわかった気になってはいけない。地を這う研究をしよう、というのが主旨。学生からは、森林保全、山村の歴史、交通手段などに関する研究計画書が出てきました。しかしどうも世に言う「コピペ」の壁は厚い。教員側の力不足も感じています。

志賀村郷土誌の前文にはこうあります。「郷土を無視して健全なる国民教育を期することは砂上の楼閣を築くと何ら変わるところがない」。この気骨ある前文は、つい目の前の事実だけで世を論じる今時学者への痛烈なパンチです。スマートフォンを離せない学生を引き連れて郷土の魅力の深淵にどこまで迫れるか、この夏休みの課題です。

（一九）熊野の友達

熊野の森から

他紙の話ですが、この夏から熊野エリアを対象とするローカル紙で和大の教員による二つの連載が始まりました。ひとつは、環境システム学を専門とする教授による「熊野の森から」。彼は和大に赴任後の約二〇年、熊野の森、川、津々浦々を調査してきましたが、その中で得た経験や思いを記しています。

現地実習前に地域情報を徹底して調べる事前学習（和歌山大学）

もうひとつは筆者のコラム「ふるさとの食卓」です。地域、特に田舎に行くと、地元の伝統的な食事を提供する「おかあさんの店」などが人気ですし、地元食材は地産地消や食育の面からも再注目されています。そうした地元食材がもっと密接に生活に結びついていた時代、多くは戦後から昭和三〇年、四〇年代までの話ですが、その頃の食と生活の話を追体験しようというコラムです。

先の教員は一年に三〇～五〇日は熊野地方に調査に行くそうです。筆者もまた、決して誇張ではなく、ほぼ毎週末、年間で少なくとも三〇日は熊野地方に調査や実習教育で出かけ、その中で地域の方と「友人関係」を築くことができています。友人とは、お互いに利害、損得のない関係。地域情報を惜しみなく与え、現地のコーディネートを引き受けてくれ、地域の未来について本気で心配し、本音で語り合える関係の方です。こうした関係の中で、地域の事実を目の当たりにし、考察し、ある知見を得ています。地域への訪問の中で得たこと、それを少しずつでも地域の皆さんに「お返しする」。それが今回始まったささやかな連載だと考えています。先の教授もおそらく同じ考えではないでしょうか。

現地調査（古座川町平井）

学生づくり

地方大学のミッションの一つに地域貢献が掲げられてから、「地域」が教育研究のキーワードとなり、地域をテーマにした教養科目や実習、課外活動が増えています。大学の教育は教養科目や専門科目など基礎を学ぶ座学を経て、応用研究である卒論研究へと進みます。この基礎と応用の間には、何をテーマにするかの問題発掘能力が必要となります。この問題発掘能力を身につける一方法として、学生の自主的なモチベーションに基づいた現場、現物教育が有効ではないか、とのことで、学部や専門を超えて複数教員が分担する現地実習科目「熊野フィールド体験」が今年度から始まりました。私も分担教員ですが、別の若い教員は事前講義の中で受講生に伝えました。「行って見て話を聞いて体験して楽しかった、だけでは小学生の総合学習レベル」。確かに、大学教育でも、そのレベルにとどまる体験教育が増えている印象があります。あるいは、予め結論を扇動的に教え、不見識な提案を地域に押しつけることを是とするもの。たとえば超高齢山村の山肌にへばりつくように存在している集落、限界や消滅という世に流行する表現をものともせず、今も人が住んでいる集落が学生の直感レベルの提案を必要としているのか？　答えはＮＯでしょう。地域に必死に対峙し、とことん調べ考えた結果からのものならば、例えそれが青くても、若者らしい提案として地域に何かの影響を提供できる可能性があるのです。そしてその「もがき」の中で学生もまた成長するはずです。

「熊野フィールド体験」では、地域を題材に学生を鍛え、頼りになる大人に育ててから、地域に「お返ししたい」。それが、私たちに扉を大きく開けて、常に招き入れてくれる地域の「友達」に対する大学からの約束であると考えています。

（二〇）熊野フィールド体験

野外調査

今年度から始まった教養科目「熊野フィールド体験」の現地講義に出かけていました。紀伊半島南部の熊野エリアに出向き、実際のフィールド学習を通じて、豊かな自然のすばらしさ、農林業と防災技術の重要性、自然資源の利活用による内発的な発展の可能性を理解しようというものです。

和歌山県の「豊かな自然のすばらしさ」というおおざっぱな表現の中には、自然科学的にも社会科学的にも実に多彩な研究領域を含み、また、「豊かさ」の内実は時代と共に複雑に変容している、という現実があります。おおざっぱな表現を安易に信じて語るのではなく、まずはフィールドの中に身を置き、自然のただ中で、大学生として調査対象の入り口に立とうではないか、というのがこの講義の目的です。

フィールドは、古座川の支流平井川の最上流部に位置し、約四三〇ヘクタールの天然林、人工林を持つ北海道大学和歌山研究林。引率指導した教員は、森林科学、ほ乳類生態学、景観生態学、森林工学、観光学、農村社会学（筆者）の研究者ら。学生は教育学部、経済学部、システム工学部、観光学部の一、二年生を中心とした二三名が受講生です。

現地では教員の専門分野別に、自然林と天然林での動物生態調査、林地におけるソーラー発電と林業との両立実験での樹木苗の生育状況調査、研究林が立地する山村、平井地区の防災について地形と住民意識の両面からの調査など、三班に分かれ四日間の集中講義を実施。森林の実際の管理作業についても北大の教員や職員さんの指導のもと、和歌山大学の栄谷キャンパスでは体験できない貴重な講義を進めました。

人工林での除伐作業実習（北海道大学和歌山研究林）

山村防災

山村防災班は、集落内の地滑り地形と棚田利用について防災上の関係性を考察しました。地滑り地形に形成した棚田は山崩れなどの衝撃を緩和する一種の堰堤の役割をしているため防災上大事なものだ、現在、棚田の多くは耕作放棄地になっているが、棚田の再生が望ましい、と。数十年の土地利用の変遷を集落内を歩き回って調べ明らかにしました。

研究林職員さんも招いての調査報告会で、教員から早速質問が出ました。棚田の水田再生が必要とのことだが、水田からの転換が見られるユズ園では防災機能は劣るのか、と。調査した学生五人はこのことに答えられませんでした。水田の構造上の保水機能とユズ園との比較調査まで進んでいなかったからです。しかし評価できる点もありました。よくある学生の発表として、「ゆえに棚田の再生が必要である」との結論で終わりがちなところ、彼らは、「防災上は棚田の再生が望ましいが、集落の高齢化は五〇%~八〇%と近年急激に進行し、耕作放棄地が増え続ける原因になった。そのため地形の脆弱性が増すなど負の連鎖となり課題は深い」との問題提起を行いました。

　世の中に課題は多い。その課題を「(私=学生が)解決します」と安易かつ生意気に言えないことを学んだのです。自然再生、地域再生、とは言うが、どの時点のどこまで、だれがどのように再生するんだ、と。その難問の入り口に謙虚に立つことができた学習ではなかったでしょうか。苦しんで無力を感じながらそれでも「調査分析」という唯一の手段をもってフィールドに立ち向かう。それが大学生だと思います。

調査発表

（二）和歌山から世界へ

URBIO2014

国際会議URBIO2014に参加していました。URBIO（ウルビオ）とはUrban Biodiversity and Design の略称で、人間生活域の自然と社会との対応関係について世界中の研究者、技術者、実践家が集まり文理融合で知恵を出し合う国際会議です。スウェーデンに本部があり、生物多様性条約の締約国会議（COP）に合わせて開催。最先端の情報、研究成果の発表や根拠となる情報を持ちより、COPに対して学問分野から提案をするための会議となっています。

国境から見た北朝鮮（展示写真）

COPでは、人間活動と生物多様性との関係、経済価値のある生物DNAの適正配置、高い生物多様性を持った国と持っていない国との国際間議論などがテーマとなっています。生物多様性とは人間と自然との長い関係を支え、これからも重要な人

成果発表をした学生と筆者（仁川 POSCO Global R&D Center）

間生活の基盤といえるもの。ＵＲＢＩＯは、高い生物多様性に対する小さな努力の積み重ねが無理のない回復と維持につながること、CO_2の生産と消費の話など、生物多様性を基盤とする環境からの恵みの保全と維持について考える極めて現実的な会議となっています。

二年毎に開催され、今年で五回目。二〇一〇年の名古屋大会では農林業と自然との関わり（里山イニシアティブ）を提案し採択されています。

シンクグローバリー、アクトローカリー

今回の開催地は韓国の仁川。二〇一一年から取り組んでいる和歌山大学型グリーンイノベーション創造プログラムの研究成果から四報を発表しました。

和歌山大学型グリーンイノベーション創造プログラムは、和歌山大学のホームグランドである紀伊半島をフィールドに、一次産業や農山漁村社会、自然環境に焦点を当て、地域資源を利活用する技術と社会技術の高精度化のための実証研究を進めています。研究者と学生が頻繁にフィールドに出向き、リアルな地域の現実に対峙して次の持続可能な地域社会形成をテーマに研究を続けてきました。そして今回、和歌山の地で地道に続けた行動と考察が世界の生物多様性に対して、どのよう

に貢献するかの議論を求めに行ったのです。

URBIOへの提案テーマは、農地保全、山地保全、水辺保全の三つでした。何れも産業や生業における土地利用の適正配置についての調査研究成果です。その中で内外の研究者から意外な注目を集めたのがソーラーシェアリングでした。農業とエネルギー生産の産業複合化により農地保全を実現しようとする試みは、狭い土地を持つ日本らしい発想。途上国でよく行われるアグロフォレストリーの先進国型発展版として注目されたといえます。アグロフォレストリーとは森林の樹間を利用して薬草など日陰農業を行う土地空間の多段利用のことで、八〇年代から国連により推奨されてきた農林複合経営のことです。

学生たちは英語での発表にどきどきしながらも、来場者からの質問やディスカッションにも懸命に対応していました。世界から見たら辺境の小さな大学の学生が世界のその分野でのトップの研究者と対等に渡り合う……、紀伊半島を這いずり回って得た地道な研究成果の普遍的な可能性を見ました。アクトローカリーはシンクグローバリーにつながっていることを学生も実感したことでしょう。

（三）ふうの丘から

てんとうむしプロジェクト

ファーマーズマーケット紀ノ川ふうの丘は、紀の川市東部（旧那賀町）、根来寺から橋本市に通じる広域農道沿いにある農産物直売所。経営母体は紀ノ川農協。ＪＡとは別組織で、地域の農業者たちが独自の販路を求めて結成した産直組合がルーツです。一九七〇年代の当時は「産直＝産地直送」という言葉そのものが一般的ではなく、若い農業者にとって自ら販路を開拓せねばならない産直への転身は大変な覚悟が必要だったそうです。その後、和歌山県全域に拡がった仲間と共に販売に特化した紀ノ川農協を設立。作り手である産地がはっきり見える販売スタイルで、地域農業を守り食の安全も守ることを第一義としてやってきました。

その紀ノ川農協が市民出資型エネルギーの生産に乗り出しました。その名もてんとうむしプロジェクト。直売所の屋根に二〇〇枚の太陽光パネル（発電能力五〇キロワット）を設置し、直売所で使用する光センサーや選果機、冷蔵庫などの電力を補おうというもの。発電した電気は電力会社が一定価格で購入してくれるため、投資額の回収が終わった後は、売電益を地域づくりや農業の担い手育成に役立てることを目的にしています。

身近で身元のわかった旬の食材を使用したい、これが地産地消や産直の原理。同じく、身元のはっきりしない電気を浴びるように使う生活を少しでも見直し、自分たちで使う電気は自分たちで作り消費しよう、それがエネルギーの地産地消。太陽の恵みを受けてすくすく育つ植物のように、太陽の恵みをそのまま電力にして美味しい食と電気をつくり、地域農業が持続する取り組みに繋げようという試みなのです。

ふうの丘のソーラーパネル（紀の川市）

顔が見える電気

先日、ふうの丘直売所で点灯式が行われ、和大の研究者や学生と共に応援に駆けつけました。直売所の正面に掲げられたてんとうむしの看板が、カウントダウンの後、大勢のお客さんが手にしたクラッカーの音と共に点灯。紀ノ川をはるかに見下ろすふうの丘の屋根から生まれた電気が開通したのです。

てんとうむしプロジェクトでは発電事業に誰でも参加できる仕組みを作りました。一口五万円の出資で一〇年間、一口二万五千円の出資で五年間、配当込み金額に相当する農産物などを毎年受け取る仕組みです。

産直では、消費者は「消費するだけの人」ではなく、生産者から種々の情報を受けたり、体験農業をしたりと相互交流をすることで産地への理解を深めます。間接的に生産に関わる「身内」の消費者といえます。これを顔の見える関係と言ったりします。安全な農産物の長期購入契約を結ぶことで環境に優しい発電事業に参加する……。ふうの丘発電は、消費者が農産物と電気の両方の生産現場の当事者になる、顔の見える発電事業なのです。

安全安心の食べ物を求める消費者と、丹精込めた農作物を喜んで食べてもらいたいとの生産者の熱い想いがひとつになって産直は拡がってきました。今、食と電気の背景には市民の手に負えない生産と流通があり、安全性から大きな問題となっています。むやみに批判し怖がるよりも、まずは農と電気の「当事者」になりませんか？　顔の見える生産と消費の現場から、安全安心の社会づくりは始まる、と思っています。

ふうの丘直売所

（二三）災害に強い森づくり

プロ中のプロのお話

災害森林根圏調査（那智勝浦町）

最近、豪雨や地震による災害が目立っています。自然と人間生活との関係性にほころびが顕著になってきたのかもしれません。大きな土砂災害に集落が飲み込まれてしまう悲惨な現状が「特殊」でなくなってしまいました。自然現象に対する天災や人為的な災害に対する最大の防御は、被害を未然に防ぐ、被害を最小にする「防災」が人間にとっての唯一の方法といえます。

そこで、先日開催した第六回和歌山大学自然エネルギー研究会は、日本緑化工学会との共同企画で「災害に強い森づくりと市民の手による自立防災」をテーマに開催。最先端の森林など斜面防災の技術者と現場調査を重ねている研究者が最新の調査を発表し、議論を通じて市民防災力と地域力の強化に向けた基本理論の整理をしようというもの。演題は、各地の表層崩壊の

研究会のひとコマ

現場から「森林が斜面防災に与える効果」（日本緑化工学会・田中淳氏）、「ここまで分かった、災害に強い森づくり技術」（日本緑化工学会・田中賢治氏）、「那智勝浦で確認した棚田の防災機能」（和大・中島敦司氏）、「ご当地エネルギーと災害に強い地域づくり」（筆者・湯崎）の四点で、いずれも災害現場を緻密に調査、比較、分析した最新の調査情報を惜しみもなく公開しました。

ちなみに、どの研究者も、それだけでも感服するほどの自分で集め検証した豊富な調査データに基づきながらも、「今はここまで分かった。しかしまだまだ詳細に検討中だ」、「今後の精査検討により、結果が変わるかもしれません」とどこまでも謙虚。筆者は、彼らがどれだけ現場を歩き回り、森や土をなめんばかりに這いずり回って調査データを収集したことを当事者として知っていますが、それでも早まった結論を決して出さない。科学に対してプロ中のプロの本質は、求める真理に対してどこまでも「謙虚」なのです。

市民の熱い関心

研究会では、「聞くだけで満足する」聴講者ではなく、講演者と参加者との真剣な討議の場を設定するため、先着六〇名と絞りました。さて当日は満員御礼、開場直前まで参加問い合わせが途切れませんでした。テーマの具体性が皆さんの強い関心を誘ったのです。

講演者たちは、「現場に行かず何がわかるんだ、航空写真をベースにわかったように数字遊びをしている研究者には現実や現場を確認してもらいたい」とまで言いきり、とことん現場調査し確率の高い理論を導き出しているプロ中のプロ。現場検証とどうしても矛盾する既存の論説を「おかしい」と指摘する研究猛者です。それに対し、経験と勉強から得た専門的な質問攻めで食い下がる参加者。閉会間際まで熱いバトルが飛び交いました。

特に森づくりが災害リスクを下げる可能性の高さについて、その原理は、密生した植物の根にあり、間伐の推進によってそれが実現できるという結論に帰着しました。木の根が土をつかむ物理的な力によって土砂災害を防ぐことができるとはこれまでも指摘されてきましたが、今回の報告からも確認。それにプラス、崩壊発生防止のためには、太い根張りのよい根量を増やすこと。密生した根が持つ雨水の急速な土中への浸透調整能力の効果が議論されました。

防災に対する市民の関心の根っこは生命の問題に集約されます。森の防災機能もまた「根っこ」がポイントであることが確認されたのです。生活や生業、環境維持の根源としてあった森とのつきあい、その森の木の根っこに私たちはあまりにも無関心でした。物事の本質の根源に謙虚に地道に、しぶとく立ち向かう大切さを学んだ研究会でした。

（二四）骨太のほんまもん

石徹白へ

白山連峰南麓の雪深い集落、岐阜県石徹白（いとしろ）に行ってきました。自然エネルギーによる地域自治の先進事例を学ぶため二度目の訪問です。地区に入るには標高九五〇メートルもの桧峠を越えますが、除雪車が行き交い、立ち往生する車も。ようやく峠を越えさらに奥地へ。高地に一〇〇戸の家が集まる地区、そこが石徹白です。当日は積雪一メートル余とのことで、和歌山から訪問した者には想像を超えた白銀の世界。このような雪深い里で数カ月も過ごす日々とはどのようなものなのでしょうか。

「昭和四〇年代まで冬には地区の外に出ることができなかった」と説明してくれたのはこの地に移住し、地域づくり事務局を担当する平野さん。道路整備以前の峠越えは難関で、峠の向こうの町で出産し、出産後は生まれた赤ちゃんをリンゴ箱に入れて村に帰った、というエピソードも。そのような孤絶の歴史を持つ地区ですが、今では、豊かな自然と安心のコミュニティの中でこそ子育てができる、と石徹白への子育て移住を推進するなど、新しい暮らしを提案する地区としても注目されています。

石徹白の地域づくりは約一〇年前に始まりました。過疎高齢化からの復興をめざし、住民主体でNPO法人安らぎの里いとしろを設立。活動の中で地域づくりのリーダーらは都会の若者らと出会い、都市も農村も持続可能であるためには農山村が持続可能であること、それには地域資源の循環を活かした自治の仕組みが必要、との議論に至ります。

そして、このコラムで以前にも報告しましたが、豊かな水を活用した小水力発電事業をスタートすることで、「エネルギーの地産地消から始まる地域づくりの道を加速させていきました。最初に作った三基の小水力発電装置をシンボルとして、小水力発電で電気をまかなう家や農産物加工場、特産品開発、住民が集う地元食材を使ったカフェ、若い世代の移住……と、豊かな山系に抱かれ、源流域である農山村だからこそ実現できる、持続可能な仕組みをゆるやかに、確実につくってきました。

雪の中でも発電中。らせん型水車（岐阜県石徹白）

地域自治の底力

平野さんから聞いた、地元の人がおっしゃったという印象深い言葉がありました。それは、「地域づくりは昔からずっとあった。この地に住み続けるために大変な努力をしながら、自分たちの手でやってきたんだ」というもの。

地域衰退を目の当たりにして、新規な取り組みに慌てふため

上掛け水車（岐阜県石徹白）

く昨今の地域づくりへの強烈なパンチです。ここでは日々の暮らしそのものが地域づくりの歴史であったと。石徹白でも大正時代から昭和三〇年まで小水力発電所を持ち電気の自給をしていました。三〇年代を境に、生活を打ち立ててきたもの作りの技術を手放したことから多くの地域の衰退が始まった、と言っても過言ではありません。この自給自治力を取り戻すことが地域づくりの最も大切な点です。

石徹白では今、上流の川から明治の先人たちが手掘りで掘った用水路を活用し、一〇三キロワットの小水力発電所の建設が始まっています。集落のほぼ全戸が出資して石徹白農業用水農業協同組合を設立、いずれは集落の全部の発電をまかなうことをめざしています。地元住民に内在するほんまもんの骨太の実践力です。むらを運営してきた地域自治の歴史の底力を見ました。

（二五）生きること、暮らすこと

住民のほとんどが高齢者

むらの風景（古座川町）

過疎が進行した地区において、高齢化の問題は高齢者だけで核家族化し、日常生活がままならない状況に至る点にあります。そこで、山村の高齢者の生活実態調査を行いました。対象は、和歌山県南部の、役場のある町から車で一時間も離れた山あいの七〇戸ほどの集落。一緒に調査したのは、筆者と信愛女子短期大学の吉田先生と山東先生。集落の全戸を尋ね一人一人に聞き取り調査を行いました。

日本の高齢化率は二五％を超え、和歌山県は全国で五番目くらいの高齢化率。紀南地域には高齢化率四〇％を超える町村があり、集落単位でみれば八〇％を超えるところもあります。住民のほとんどが六五歳以上ということです。高齢化率四〇％を超えるこれらの町村では、住民の三人に一人が七五歳以上の後期高齢者になっています。

手入れされた田

現在では、六五歳はまだまだ壮年。会社を定年になっても、たとえば農林業では円熟期といえるほどの頼りになる年代。しかし後期高齢者となると健康状態に不安も出、家族にも先立たれ一人暮らしになってくるなど、生活不安が徐々に出てきます。こうした傾向が、数字の上で一足先に出ている山村でその実態を見聞きし、高齢地域が持つ課題の一端を探ることが今回の調査の目的でした。

奇跡のむら

調査では大きな傾向が聞き取れました。印象的な一点は「三食きちんと食べる」。高齢や一人暮らしになると、欠食傾向があるのではないかと質問事項に入れたのです。欠食は生活の乱れにつながります。しかし、この質問はよい意味で裏切られました。質問に「なんて当たり前のことを聞くんだ」との表情をされたほど。ある高齢者夫婦の一日はこうでした。五時起床、朝ご飯を食べる、四〇分の散歩、農作業や家事、一一時昼食、農作業や家事、五時夕食、夜のひとときに自家産の温かいハチミツドリンクを飲む、就寝……。この日常が規則正しく繰り返されていました。そして家のそばには丹念に手入れされた田畑があり、倉庫には農具や木工具など。

そこで見たのは、自己を律した自立の日常でした。よくある、高齢山村は生活に困窮している、という偏った思い込みは間違いです。高齢山村は多くの危機を内包してはいるけれど、それをしのぐ自立の姿を調査の度に確認します。

日の出と共に起き、日暮れと共に寝ること。農作業で身体を動かしているのに、それでも散歩をして集落を毎日歩きめぐること。斜面に棚田を作り、むらの土を踏みしめ、米を作り菜を植え、そして食事をすること。

人間の生存とは「暮らし」そのものなんだ、と改めて実感した調査でした。飽食と昼夜の節目なく流れる一日に慣れきった身には、このむらの現実は驚きでした。高台に立つと、川をはさんで斜面に家々が軒を並べ、棚田が構成され、神社と寺があり、今は廃校ですが学校がある、そんなひとかたまりの集落がひと目でわかります。新しい外からの資本にほとんど浸食されていない、このひとかたまりの集落そのものも今では貴重な、奇跡のむらのように見えました。

人間の生きることの本質を体現した、この価値を、次の世代に引き継ぐ方法はないものでしょうか。

（二六）エネルギーをつくる意味

小水力発電設置協働実験

エネルギーを自分たちの手で作ろう、という和歌山大の試みもいよいよ佳境に入ってきました。私たちが、候補地の環境や社会調査を経て、実際に小水力発電の実機設計から製作、設置、運用実験を始めたのが二〇一一年。実験地のひとつ、那智勝浦町高津気の現場では、水車の復元や水車小屋の建築がほぼ完成し水路の掘削計画も青写真ができています。残っている作業は何でしょうか？

アイデアを実現するための基本の「き」は、6W2Hと考えています。すばらしい発明家の社長がいても、これがないとビジネスとして成立しません。誰が、いつ、どこで、何を、誰に対して、なぜ、どのような方法で、いくらでやるのか。この英語の頭文字から来ています。

昔、住民が米を搗くためや集落の電気を得るために水車を回したのは、主体と受益者が同一であり、わかりやすい。現在は水車を回さなくとも精米も電気も手に入るので、集落の水車を媒介にした主体と受益の関係は崩れ、水車は姿を消したのです。くずれた関係の中にあえて水車を復元するとは、どういうことなのでしょうか。

環境問題を憂い自然エネルギーの導入に心が動くこと。そこまでは誰でもできます。だが、「そうだ発電をしよう」と決意する時、その情熱を形にするための能力、技術や知識を持っていることが必要です。そこで実際に小水力発電装置を設計、組み立て、運用する社会実験を通じ、小水力発電設置のノウハウを学びながら、地域特有の問題点を抽出しようと、住民の方との「小水力を実際に設置する地域協働実験」を始めました。

水車小屋の前での座学講義（那智勝浦町高津気）

自治を取り戻す

第一回の講師は小水力発電導入による地域づくりの第一人者、地域再生機構の野村さん。当日集まったのは、自前の発電をめざそうとする二〇名。野村さんの四時間の集中講義が始まりました。

発電能力は流量と落差から算出しますが、参加者がまず、つまずいたのは落差について。落差一三三メートルの那智の滝の真下に勢いよく水を受ける水車を設置すればものすごい発電がありそうですが、それは全く関係がないこと。高津気の水車も上方二メートル位から落水する上掛け水車で、見かけはダイナミックですが、この落水距離は発電能力には関係がありません。参加した一人の男性は、水車のそばで落水口を見上げながら「わからーん」と叫んでいました。私も物理が苦手な超文系人間ですが、最近、ものの仕組みを紐解くことから、実際の社会づくりが現実的になるんだということを実感しています。

プロジェクトを牽引してきた和大の研究者、中島さんは「地場で使える技術を保有しよう」と常に言います。ものづくり技術を大企業任せにしない、私たちが近代化の中で放棄してきた地場の技術力を取り戻そう、ということです。野村さんは講義の最後に「水車づくりが目的ではない」と意外なことを。「エネルギーを自らつくることは、日本のエネルギー問題がどうのこうのではなく、地域の自治を取り戻すためのツールなんだ」と結びました。

実機の仕組みを学ぶ

なるほど、当日のテキストでも「誰が、何のために、どうやって導入するの？」と問いかけています。まず自分が、自分たちが主体的に生きるために、経済と環境をこの手に取り戻すために、自らの技術でつくる発電なのですから。水車が勢いよく水を回し始める時が楽しみです。

（二七）自律と未来

地域の歴史

廃校調査に取りかかったのが三年前。江戸末期の寺子屋から現役校まで一六〇〇余りの学校データを収集しています。史誌や沿革史をたんねんに追い、全ての現地に足を運び、森に埋もれた学校跡であってもそこに歴史の跡を観察しています。小さな村の学校が、やがて国の制度の中で小学校となり、賑やかな学舎となり、やがては統合され、閉鎖されていく、そんな学校の歴史は村の歴史と重なっています。そして村の歴史は、現在、私たちが「地域問題」と捉えるさまざまな課題へとつながっています。

小水力発電導入のための地域協働実験：設計図を検討

地域の近現代史誌を紐解いていると、おもしろい発見もあります。昭和二年の地方新聞の中に興味深い単語を見つけました。「資本魔」です。昭和初期、熊野川流域では発電所建設でもめていました。戦前の発電は水力が主体なので大都会の電力需要

実作業からノウハウを学ぶ：水車用水路のパイプを埋める

に対して流量の多い熊野川が注目されました。当時の熊野川では木材を筏で下流の新宮まで搬送しており、巧みに急流を操る筏師は男子のあこがれの職業でした。また人や物品を運ぶためにプロペラ船が行き交っていました。熊野川は生活と生産と消費、つまり地域の経済循環になくてはならない川でした。

そこで、発電による熊野川への影響をおそれ、筏師やプロペラ船業者、木材業者などが反対運動を繰り広げました。反対組織が大挙して「資本魔征服」のスローガンを大書した旗やビラをまいて宣伝したというのです。政治的な意味は別として、ここには「地域」対「都市」、「生業」対「外部資本」の構図をみることができます。生業を脅かす者は、敵であり「魔」であったのです。非常にわかりやすい構図です。

そして、時代は昭和から平成へ。その間、わかりやすい対立構造はうやむやになりました。地域再生問題では都市と地域を対立的に論じることはありません。しかし、そこにはかつての筏師たちのような迫力ある対立はありません。敵であったはずの都市の恩恵を受けながら、地域はどのように自立するのか。それが地域づくりのあいまいさであり、大きな課題です。

自立と自律

自立と自律の違いはどういうことでしょうか？　似ていますが違う、と考えています。自立とは文字通り「他に頼らず自分ひとりで立つこと」。それに対し、自律とはこう考えられます。律とは規律の律。この場合「自らのきまり」と解釈してみましょう。すなわち「外にも開きつつ、自らの価値観をつくりあげ、主体的に立つこと」。かつての民衆の言葉に倣うなら、「資本」が描く社会を取り入れながらも、しかし、決して「資本魔」に魂を奪われるのではなく、地域自立の価値観をつくること。自立のための自律が現在の地域づくりの本質ではないでしょうか。そして自律のための価値観は、ものづくりの現場から具体的、現実味を帯びて立ち上がってくるのです。

さて、手に手に工具を持ち集まった二〇名。食堂、旅館、ＩＴ、保険、役場、農家、設計、大工、コンサルタント、教師、学生、出版……と業種は様々ですが、自然エネルギーの地産地消をめざす人たち。自ら生産の主体を取り戻し、エネルギーも経済も、豊かな自然の恩恵をも取り戻そうと挑んでいる人たちなのです。見つめているのは自分たちでつくる、自律的な未来の姿にちがいありません。

第二部　オルタナティブ地域学への道のり

地域からのグリーンイノベーション

次の社会をどのように創っていくのか、一市民として、その選択を迫られているとすれば、私たちひとりひとりは何を基準にどのような道を歩めばよいのでしょうか。その解に近づくため、研究仲間とともに、地域現場に足繁く通い、現場の土、水、風、現地の方々の息吹の中で、「地方でもできる」「地方だからこそできる」実証を積み重ねてきました。それは同時に、地方大学でもできる、地方大学だからこそできる、研究への取り組みでした。

「和歌山大学型グリーンイノベーション創造プログラム」は、和歌山大学が、環境と暮らしと経済が並立する地域づくりをめざして取り組んだ文理融合、大学地域融合の研究プログラムです。二〇一一年度に学内予算より発足し、次いで文部科学省の特別経費プロジェクト（二〇一二〜二〇一四年度）として研究を進めてきました。プログラムの中期以降は、それまでの研究成果を「未利用エネルギー活用と地域創造」として統合し、当初目的である地域でのグリーンイノベーションを実現するための社会システムの構築をめざした実証実験および分析の段階へと進みました。

以下、和歌山大学型グリーンイノベーション創造プログラムの記録から、筆者も関わった教育研究活動の一端を紹介します。プログラムの名を語ってはいますが、研究仲間や学生、地域の人々とともに、明日の暮らしを自分たちで創るために、模索した記録です。

世の中に「先進事例」はたくさんあり、力強く知恵と行動を発揮している農山漁村など地域事例もたくさんあります。この四年間の記録は、ダイナミックでも華やかでもなく、「成功」と言えるものではありません。しかし、次の社会のあり方を模索し、仮説し、そのことを実証するために、真摯にもがき続けた記録です。ひたすらに地域で学び探求し続けているこの道は、この先も途切れることなく着実に続いているのだ、と、ともに調査し、手と頭を動かし、自作した装置など現物に真摯に立ち向かう仲間たちの姿に、そう確信をします。

〈和歌山大学型グリーンイノベーション創造プログラム　コンセプト〉

Think Globally, Act Locally.
農山漁村社会の地域資源を活用する
社会技術の高精度化をめざして

現在、盛んに語られるグリーンイノベーションは、科学技術を駆使した環境技術や産業革新を指すことが多く、また川下の市場開発に注目される傾向があります。本プログラムは、こうした技術やマーケットの背景にある農山村地域社会と地域資源を活用する社会技術の高精度化に焦点をあてています。そのためグリーンイノベーションを多角的にとらえた文理融合による八つのプロジェクトを立て、研究者と学生がフィールドに出向き、自治体や様々な団体など地域との共同で、地域のリアルな現実の分析と次の社会創造をめざした研究活動を、和歌山大学のホームグラウンドである紀伊半島を中心に展開しています。

「地域を支え、地域に支えられる大学」。これは和歌山大学が掲げるスローガンのひとつです。和歌山大学型グリーンイノベーションプログラムでは、和歌山に立地する和歌山大学だからこそ独自性かつ実現性のある研究を生み出そう、その姿勢を和歌山大学型の「型」に込め、「地域を支え地域に支えられる大学」の言葉の実体化にチャレンジをしています。

プロジェクトマネージャー　湯崎真梨子　（二〇一四年四月）

（和歌山大学型グリーンイノベーション創造プログラムホームページより

http://www.wakayama-u.ac.jp/greeninnovation/category/concept）

地域が自律・自活する低炭素型社会をめざして

■エネルギーの地産地消

南紀熊野の豊富な水資源と森林資源を活用して、エネルギーの地産地消とそれを活用した地域再生をめざすため、大学と地域住民との共同による低炭素技術を習得する現地講座、低炭素技術活用についての協働作業、地域でつくり地域で使える低炭素技術開発のための実験を、農山村の現地フィールドで実施しました。

（一）地域で使える低炭素技術利活用のためのスキルアップ講座

写真1　和歌山大学作製の小水力発電。那智川から分岐した用水路の豊富な水を利用。「世界初」の小学校敷地内の発電、と自負した（那智勝浦町市野々小学校、2010）

写真２　小学校と共催した小水力発電によるシンセサイザーコンサート（那智勝浦町市野々小学校、2010）

写真３　水力発電の基礎を学ぶ、スキルアップ講座初日。現地で現物を前に車座講座（那智勝浦町市野々小学校、2011）

写真４　実習：実験地候補、那智勝浦町高津気地区における水力調査（写真の水車小屋は観光協会設置の 1/3 モデル、那智勝浦町高津気、2011）

写真５　実習：落水を活用した小水力発電システムの構造を学ぶ（古座川町平井、北海道大学和歌山研究林、2011）。和歌山大学、北海道大学、ＮＰＯが共同開発し、北海道大学和歌山研究林内に設置した汎用型小水力発電システム。１kw/h の安定的な発電をめざす

写真６　水中ポンプを改造した自作の小水力発電装置（北海道大学和歌山研究林、2011）

写真７　実習：緊急時発電装置実機製作（田辺市木守、2011）。U字溝に設置するだけの簡易な小水力発電機ピコピカを集落の住民と共同で製作

写真８　実習：緊急時発電装置の設置で発電可能量の計算法（田辺市木守，2011）

写真９　同。子どももお年寄りも一緒に実験。発電可能な落差と水量を計算して、水路のあちこちに設置した

写真10　実習：バイオマス利活用と丸木コンロによるエネルギー備蓄方法（串本町、2011）。丸木にチェンソーで燃焼効率を工夫した独特の切り込みをいれた丸木コンロ。そのまま災害用燃料コンロとして活用できる

写真 11　実習：廃校の利活用とストックエネルギーの日常利用（新宮市西敷屋、2012）

写真 12　廃校をベースに自立自活の生活様式を実践研究中の若者

（二）低炭素技術を内包する地域の調査

写真１　豊かな水源地（那智勝浦町高津気）

写真２　見事に整備された農業用水路（那智勝浦町高津気）

写真３　米作りと共に生きた地域の知恵の結晶、水路（那智勝浦町太田）

写真４　　同

写真５　昭和初期に作られた水力発電現場（田辺市木守）。木守川の上流に堅牢な遺構が現れた。山奥深い山村が、自力で村に初めて電灯を灯した、地域自治の象徴だ

写真６　三川村木守（現在の田辺市木守）自家発電の開通記念写真（住民提供）

写真７　19 世紀半ばにアメリカ人技師により開発されたフランシス水車発電が戦前の山村を明るく灯した。地区住民の共同出資であった（那智勝浦町色川、2013）

写真８　昭和初期に村人が力を合わせて作った小水力発電所の跡地で古老より当時の話を聞く（古座川町平井、2011）

写真９　昭和初期に建設した直径 3m の水車の一部（那智勝浦町高津気、2010）

写真 10　水車小屋では、精米、精麦のほか、製材も行っていた（那智勝浦町高津気、2010）

写真 11　学会との共同調査：森林維持と山崩れとの関係性についての調査。大規模な森林崩壊、水害による大被害をもたらした台風 12 号（2011）の現場調査（田辺市熊野、2012）

写真 12　市民との共同調査：市民団体も「災害と森の関係」を実際に調べるために立ち上がった（那智勝浦町、2012）

写真 13　学生との地道な災害現場調査は、2011 年台風直後から３年半におよんだ。山の崩落現場を網羅するほどに調査を積み上げげた（那智勝浦町、2012）

写真 14　同

（三）地域でできる低炭素技術と社会のための実証実験

写真１　水車の再現。直径 3m の水車が設置されていた堅牢な石組みの溝。峪（さこ）さん（87 歳）から水車技術を学ぶ。彼は「最後の仕事」として、若い学生に、木材のみで、自然の水の流れを取り込み、土地の傾斜を考察し、最大のエネルギー効率を生み出す理論と水車作製技術を伝授してくれた（2010）

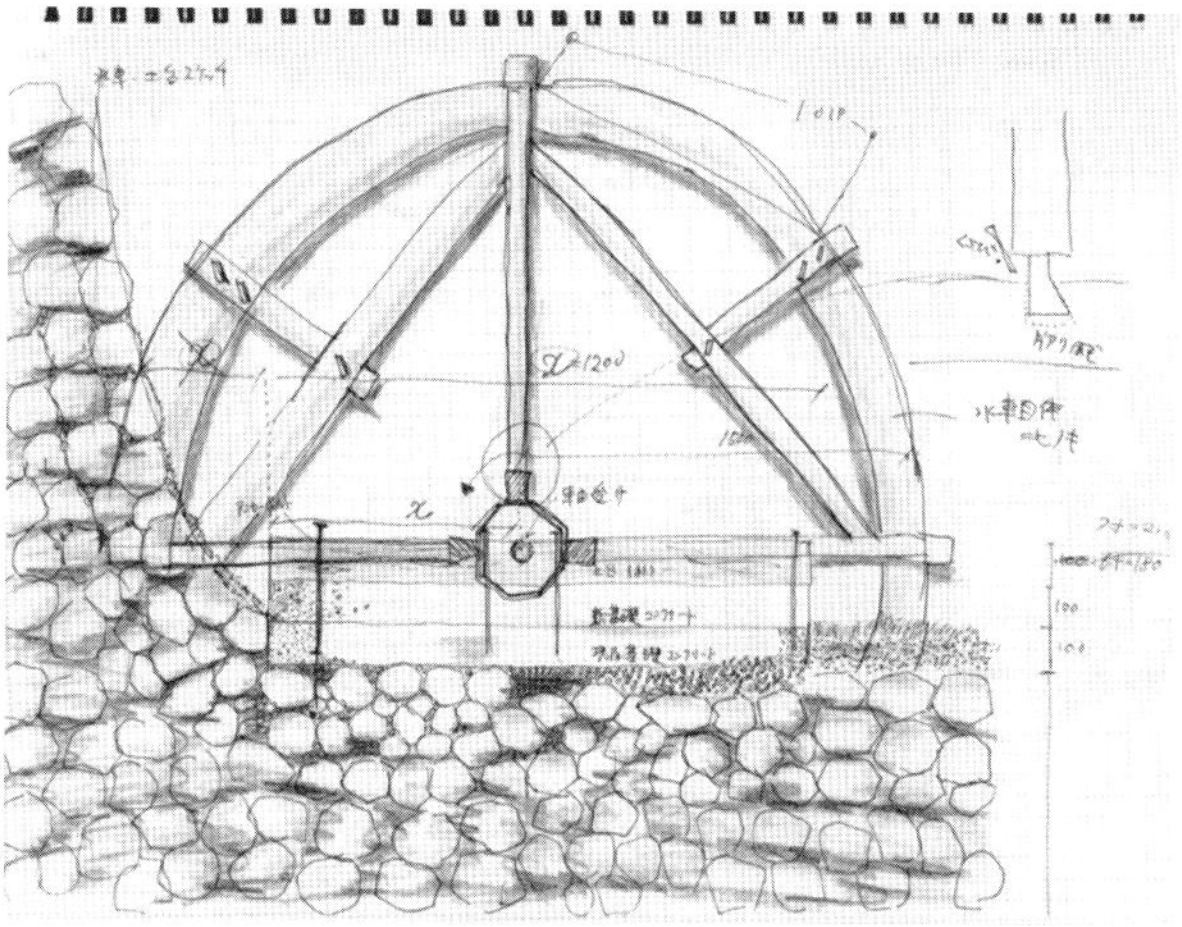

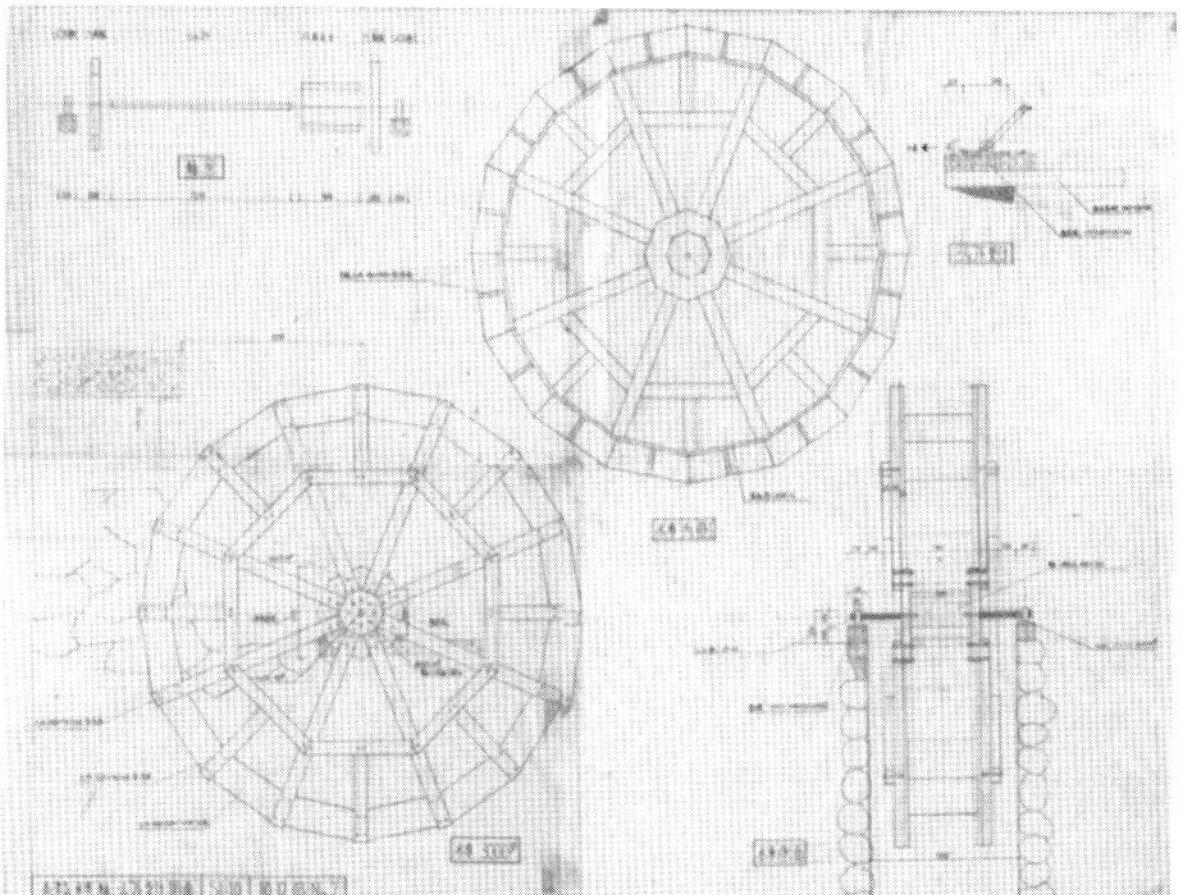

写真２　建築専攻の大学院生が古老からの聞き書きにより設計図を再現した（2010）

写真３　昭和初期の知恵がつまった、昭和８年設立の水車小屋（写真７の外観、那智勝浦町高津気、2010）

写真４　水車の再現。後輩たちが水車再現製作を開始（2012）

写真５　同

写真６　完成した水車（2012）

写真７　水車小屋の解体（2012）。水車が完成したら、次は小屋の再生だ。用水路からの水はこの小屋の内部を通って水車へと落水するしくみ

写真８　崩落しかかった瓦の下からは、80 年の時を経ても美しい木質の骨組みと野地板が現れた

写真９　解体作業の中から学生らは、日常に根ざした伝統工法を学んだ

写真 10　木で作られた滑車（プーリー）

写真 11　手軽にできる森林管理、皮むき間伐。市民団体と協働実施（2012 ～ 2014、那智勝浦町）。大学院生の彼は皮むきの天才だった

写真 12　水車小屋の屋根材に使用するため、皮むき間伐で剥いた杉皮の表面をこする筆者

写真 13　市民と学生との協働で水車小屋の再生建築が始まった。プロに頼らない手作りでの挑戦（2014）

写真 14　棟上げ。I ターンの若者が主導した

写真 15　全く素人の学生も週末には、大学から遠い数時間の距離を通った

写真 16　水車小屋の外観がほぼ完成した（2014 年 8 月）。屋根は杉皮張りで開放的なあずま屋構造にした。外部の水車の回転動力を小屋内のプーリーに伝え発電をする計画へと進む

写真 17　普通河川である長野川から分岐した用水路を発電水源とする。かつて 19 戸で組織された水利組合も今では 1 戸を残すのみで解散となっている

写真 18　再生水車小屋の最後の水利組合長、山口平雄さん。80 歳を過ぎた今も田に出る。プロジェクトの最初から水車小屋の生きた歴史を教授してくれた

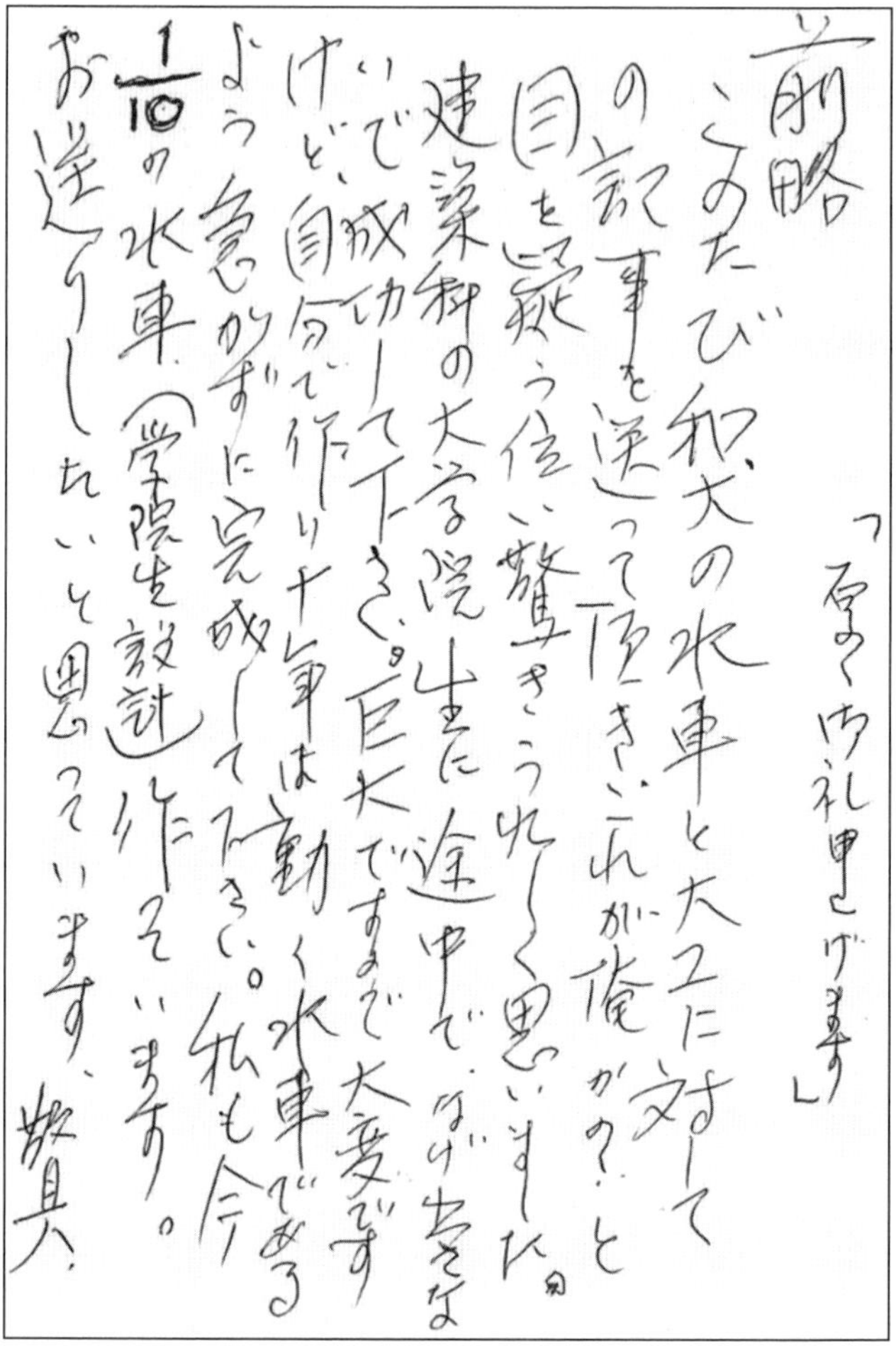

「厚く御礼申し上げます」
前略
このたび和大の水車と大工に対して
の記事を送って頂きこれが俺かなと
目を疑う位い驚きうれしく思いました
建築科の大学院生に途中でなげ出さな
いで成功して下さい。巨大ですので大変です
けど、自分で作り十年は動く水車である
よう急がずに完成して下さい。私も今
1/10の水車（学院生設計）作っています。
お送りしたいと思っています、敬具

写真19　大工、峪さんからの葉書（2011）。匠の知恵がつまった水車工法を学生に伝授し、水車復元のきっかけとなった。完成を見ることなく逝去されたが、水車プロジェクトにとっての心の師匠だ。息子さんが彼の遺志を継いで学生らの指導役に尽力してくれた

■ソーラーシェアリング

農地転用や休耕地が進行する都市近郊農地において、若者の農業離れ、後継者不足、ＴＰＰ問題に対する対抗策として、農地の上空に太陽光発電パネルを設置し、その下の耕地で農作物を生産する「ソーラーシェアリング」農業。農業生産に発電を組み合わせ、採算性を補完することで、利益を生む「もう一つの方法」の成立要件を検討。農業と発電が両立するための実験を開始した。

ＦｉＴ（再生可能エネルギー固定価格買取制度）の元で農家のソーラー発電への参入が増加しているが、農地を転用してソーラーパネルを導入する、「発電畑」にすることは農業維持の問題からは本末転倒。農業離れを防ぎ収益の上がる農業を実現するための一方法として、ソーラーシェアリング農業の確立に挑戦した。

写真 20　休耕地へのソーラー発電装置の導入（海南市小野田）。学生と農業者らによって設置した。設置計画では太陽光の入射角、パネル仰角などを検討。農業者が簡単に設置できる単管パイプでの架台を採用

写真 21　合計８ｋｗの実験装置とパネル下に畝を作った。パネル下、パネル外の照度計測と生育の関係を検討するため、パネル外にも畝を作った

写真22　パネル下での作業性の把握

写真23　パネル下の畝づくりをする学生。パネルの高度を上げれば作業性は向上するが、コストの問題と農業者が修理しやすい高さから設計された。ソーラーシェアリングには、高位置からの太陽追尾型など最新システムも登場している。しかし、農地へのソーラーシェアリングは農業者自らが管理運営できる「規模」が出発点となるだろう

写真 24　日照による生育状況を調べるためにパネル下、パネル外におけるホウレンソウの種まき

写真 25　太陽光到達量の減少リスクに対しての作目として植え付けたミョウガの発芽

写真26　農村の仕事と技術を学ぶ授業のひとコマ。単なる農業体験ではなく、農業の維持についてのさまざまな問題、社会や経済、環境との関係を学ぶことを目的とする。課題対象が複雑で大きいほど、まずは土と格闘することから考察は始まるのではないだろうか

写真 27　皆伐林地におけるソーラーシェアリング（古座川町平井、北海道大学和歌山研究林）

写真 28　パネル下での燃料材の生産要件の検討と、自家発電による産林地内での電力使用の検討（古座川町平井、北海道大学和歌山研究林）

写真29　災害時にも電力を自立供給できる電力インフラと、自律運用できる通信インフラを結合させた、運用が容易な情報伝達システムの開発。集落を見下ろす尾根に設置した無線ＬＡＮ装置とアンテナ（古座川町平井、北海道大学和歌山研究林）

写真30　太陽光発電設備を設置し、山間部での発電効率を測定。無線ＬＡＮ装置も設置し、集落との間での通信性能を測定している。この設備を用いて集落と山間部とをネットワーク接続し、電気がなく携帯電話もつながらない山間部でもインターネットにアクセスできる環境を構築した（古座川町平井、北海道大学和歌山研究林）

写真31　実験地の山林を行く学生。農山村の現実課題を打開し、維持していくための一方法として低炭素技術の導入と社会づくりを学ぶ実験地は、次世代を担う学生にはリアルな教材となった（古座川町平井、北海道大学和歌山研究林）

（四）実際に自らつくり、自ら活用する、地域をつくるために

■和歌山大学自然エネルギー研究会

地域で低炭素技術を導入し、地域活性のための還元が可能な技術と社会システムを検討するための、実践者らの研究会。

和歌山大学自然エネルギー研究会は、池際博行、金子泰純、吉田登、中島敦司、山本祐吾の各先生、および湯崎真梨子ら和歌山大学の学部を超えた研究者を呼びかけ人として、自然エネルギー研究をしている他大学も含めた研究者、学会、すでに地域での導入を試みたり、導入をめざす企業、NPO、行政、などとの垣根を超えた「横のつながり」と「知見の共有」をはかるために二〇一三年六月に発足。二〇一四年末までに、バイオマス発電、木質バイオマス利用、地域共同太陽光発電所、小水力発電と地域自治、間伐材活用と経済効果、森づくりと自立防災などをテーマに研究会を実施した。

写真1　第一回研究会テーマは「和歌山の木材産業とバイオマス発電の可能性」。報告者は（株）石橋の石橋幸四郎氏、近畿大学の澤井徹教授、地域でバイオマス利用を進める日高川町や県の担当者ら。石橋氏は和歌山県での民主導の発電事業研究に積極的だ(2013)

写真２　研究会での公開シンポジウム（2014）。参加者と白熱した議論をする中島教授。プログラムの開始から３年を経て、再生可能エネルギーの導入や住民主体による環境保全と防災行動について、急速に住民の関心が高まってきた

写真４　ご当地発電について講演する筆者

写真３　山村自律型通信について住民の質問に答える塚田准教授

写真５　「その道の」プロも駆けつけた研究会。「自然エネルギーと地域自治」について話すNPO法人地域再生機構、野村典博氏。岐阜を拠点に様々な団体を牽引する。ボトムアップ型で小水力発電による地域再生を仕掛ける第一人者

写真６　研究会テーマ「災害に強い森づくりと市民の手による自立防災」の講師、日本緑化工学会、国土防災技術（株）の田中淳氏（左）と田中賢治氏。森林斜面防災について先端技術と豊富な現場調査を持つ第一線研究者である

写真７　「小水力発電を実際に設置する」ための地域協働実験が始まった（那智勝浦町高津気、2015）

写真８　手元に小さな冊子がある。地域再生機構が作製した『小水力発電導入マニュアル』だ。再生可能エネルギーの導入についての、制度、法律、技術、手続きなどを実践者の目でまとめた書。感傷的な「自然志向」を排している

＊注　以上は、「和歌山大学型グリーンイノベーション創造プログラム」における「南紀熊野地域資源利活用プロジェクト」（代表、中島敦司）、「中山間地におけるエネルギー導入可能性研究」（同）、「農山村型情報通信自律化社会システムの実証研究」（代表、塚田晃司）、「都市近郊農地におけるソーラーシェアリング導入研究」（代表、湯崎真梨子）の研究活動から抜粋。プログラムではその他、「農村・農業複合化プロジェクト」（代表、藤田武弘）、「農を用いた教育プロジェクト」（代表、原祐二）、「森林資源利活用プロジェクト」（代表、吉田登）、「紀伊半島の生態環境利活用研究」（代表、福井大）があり、それぞれ和歌山大学の学部を超えた研究者チームを組んで、紀伊半島の各地で実証研究、地域調査を展開した。なお、第二部の写真撮影／湯崎真梨子、中島敦司、塚田晃司。（文中敬称略）

あとがき

本書は、二〇一三年一一月から二〇一五年二月まで、わかやま新報で連載したコラムをまとめたものです。また二〇一四年二月には「地産地消大学―オルタナティブ地域学の試み　序章」を発刊しました。本誌はその続編となっています。

わかやま新報のコラムは「こんなんしてます　わかやま大学」のタイトルで八〇編を越えました。第一回目が掲載されたのは二〇一一年四月。当時、教育、研究に続く大学の第三のミッションとして大学の地域貢献が提示され、特に地方大学は、いかに地域フィールドで教育／研究／地域貢献を展開するかがテーマとなっていました。大学と地域との共同研究プロジェクトに関わっていた筆者が、その時に改めて「発見した」コンセプトは「大学の知的財産は地域資源」ということでした。

本来大学の研究は「国家資源」であるはずですが、国家を形成するひとつの単位としての「地域」に着眼しました。地方に立地する大学の使命として自らも地域資源のひとつであると位置づけ、研究や人材資源（学生）を地域の中でいかに活かすかを探求することが地方大学の第三のミッションであるという自覚です。本書のタイトル「地産地消大学」はそこからとりました。地産地消は、地域資源が域内循環をすることで地域経済の維持と安定、発展をめざそう、という取り組みですが、大学の取り組みもまた地域の中で十分に活かされ、循環し、成長し、未来の地域社会づくりに貢献しようという意味でした。

本書は、筆者や和歌山大学の研究者が地域現場に出向き、地域自らができる地域づくりについて、実証実験をくりかえし取り組んだ記録です。大学における地域をテーマにした活動は、農林漁業など一次産業の不振や人口減少、高齢化、環境問題などを背景に、ますます注目されてきています。筆者らの取り組みもこれらの地域問題を背景にしながら、しかし、おそらく地域問題解決に対しての即効的な解決はない、との認識を出発点としています。解決があるとすれば、それがたとえ遠い道でも、今までの発展とは違う、別の道に求めることだろうと考えています。それが表題にもした「オルタナティブ」です。種々の解釈をもつ「オルタナティブ」ですがここで意図したのは、地域が自ら開拓する別の道。中央から見ると、圧倒的に小規模な人、もの、金しか持たないが、それでもなお、地域が主体的に自立するための別の方法論を探ること。民からの内発的発展の方法論を築くことに挑戦しました。

前作は「地産地消大学―オルタナティブ地域学の試み　序章」としました。読者からは「次の第一章を待っています」との声もいただいていましたが、第一章とすることができませんでした。序章を脱し、第一章とするからには、オルタナティブ地域学を活かした実際の取り組みが始まった時が第一章であるからです。前作から現在に至る取り組みは、まだまだ「序章」の延長線上にあります。しかし、特に、生きて行く場所として地域を選んだ若者や、すでに地域で生き抜いている住民の方々との協働調査や実験の中で、この「序章」の中身は、ゆっくりであるが確実に、地域資源を活かした地域自治へと「助走」し始めている、と実感しています。

巻頭に、地域再生機構の野村さんも書いてくださいましたが、大学は地域再生への主体者にはなれません。この後の主体は地域の方々に委ねるしかないのです。しかし、この四年間で私たち研究者もまた新しい知見に出合い、大学の職位をもつ大人でありながら、それでもなお成長をすることができたと自覚しています。地域の方が保有してきた暮らしの知恵や知識に多くの教えをいただき、研究として考察を深めるための新しい地平を開くことができたのです。

この原稿を書いている今、大学の同僚や学生と合宿形式での地域調査の最中です。これは正規の教養科目のひとつで、受講生は二〇名。学生らは和歌山県南部のある地区に入り込み、わずか四日間の調査実習とはいえ、ひとつのテーマについて深く多角的に調査し、データを集積しています。この調査の目的は、学生たちに「お利口な大人」になってほしくないということ。概してお利口な大人は世の大きな流れに逆らいません。少しは突っかかる流れになって、大河の流れに新鮮な発想を持ちこむ人間になってほしい。いたずらに結論を急がず、上っ面の地域活性化を叫ぶな、それにはまず、多くの地域調査を集積すること。現場に出向きひとつのテーマについてプロフェッショナルの入り口に少しでも立ってから地域を論じよう、ということです。その際、学生に口を酸っぱくして言っているのは「長靴を履いて現場に来なさい。長靴は万能だ」ということ。水の中にも藪の中にも入ることができる。なにより世の体裁を脱ぎ捨てる覚悟を持つことができるのです。

たとえば、今回実習調査のひとつに集落の水源調査があります。集落が開拓、維持、管理してきた水源と水路を明らかにしようというものです。調査の初日、学生のひとりは「水路を辿って何するンすか?」と言っていました。しかし、川を遡り、山肌を登り、藪をかき分けそこに現れた、清流の源にまで繋がれた用水路の石組み、崖を削り水の道を造り、村に初めて電灯を灯した水力発電の遺構。全てが人力による生活遺産や生活資源を目の当たりにして学生たちはたちまちに調査の魅力にはまっていきました。自ら地図を分析し、谷に分け入り、廃村となったかつての集落の水路までを発見してしまいました。「何するンすか?」との言葉を発してから三〇時間後、学生らはデータの収集と整理に飽かず集中しています。学生らのこの集中力が、次の地域づくりへの希望ではないでしょうか。地域が保有してきた技術や人力の知恵の結晶は、有無を言わさず若者を変えるすごい力をもっているのです。しかし、そのすごい力が、近代の中で不用になった、と、過去の我々の行状をあげつらうことは今は意味をなしません。目を向けたいのは、まだ土に埋没するには惜しい知恵と地域の力。それを甦らせもっと強い姿へと再生させることを、やがて世に出て羽ばたく学生や地域の若い人に委ねたいと切望しています。

本誌の執筆にあたって、知識を惜しみなく与え調査を支えてくださった地域の方々には深く感謝いたします。私どもと併走していただく中で、大切な研究パートナーとなってくださいました。

また、地域現場での研究相棒となってくださった和歌山大学の中島敦司先生、塚田晃司先生はじめ北海道大学の揚妻直樹先生、東京大学に移られた福井大先生には筆者の多くの提案をかたちにし、支えていただきました。また折に触れ仲間となっていただいた研究者の方々との出会いは貴重でした。

和歌山県内各地で進める数々のプロジェクト研究について、常に寛容にご理解をいただきました和歌山大学の役員の皆様、教職員の皆様に深く感謝いたします。

出版は前作に続き、友人である南方新社の向原祥隆社長にお任せしました。地域に対する絶対的な愛と信頼をもつエネルギッシュな仕事に敬服しているためです。

最後になりましたが、発表の場を提供し続けてくださっている和歌山新報社、編集を担当してくださった前田望都氏には心よりお礼申し上げます。

二〇一五年三月

湯崎　真梨子

■著者プロフィール

湯崎真梨子（ゆざき まりこ）

和歌山大学産学連携・研究支援センター教授。博士（学術）。大阪府立大学人間文化学研究科博士後期課程修了。放送局、広告出版会社勤務、文部科学省産学官連携コーディネーター等を経て現在に至る。専門は、農村社会学、地域再生学。

著書：『地産地消大学』（南方新社、2014）、共著書：『都市と農村—交流から協働へ』（日本経済評論社、2011）『紀の国わたし物語—うみやまさとまちに生きる』（テクライツ、1998）

論文：「災害時孤立集落の『不安』と『安心』の要因—台風12号における高齢山村、平井区の事例」（日本地域政策研究第11号、2013）ほか

本書は、わかやま新報に2013年11月から2015年2月にかけて掲載された原稿に加筆、修正したものです。なお、本文中に登場する人物の年齢、肩書き等は当時のものです。

この研究は、文部科学省特別経費（プロジェクト分）（2012～2014年度、事業名「和歌山大学型グリーンイノベーション創造プログラム」）の研究助成を受けています。

続・地産地消大学
―オルタナティブ地域学の試み―

二〇一五年三月二十五日 第一刷発行

著 者 湯崎真梨子
発行者 向原祥隆
発行所 株式会社 南方新社
〒八九二―〇八七三
鹿児島市下田町二九二―一
電話 〇九九―二四八―五四五五
振替口座 〇二〇七〇―三―二七九二九
URL http://www.nanpou.com/
e-mail info@nanpou.com

印刷・製本 株式会社朝日印刷
定価はカバーに表示しています
乱丁・落丁はお取り替えします
ISBN978-4-86124-316-5 C0037